Weiter geht's!

W9-APJ-025

intermediate German language and culture

produced by:

live oak multimedia

created by:

David Antoniuk and Lee Forester

research, writing, and production by:

David Antoniuk
Lee Forester
Pennylyn Dykstra-Pruim
Olga Antoniuk

photography by:

David Antoniuk

distributor:

evia learning

www.weitergehts.com

Weiter geht's!

Published by:
Live Oak Multimedia, Inc.
www.liveoakmm.com

Distributed by:
Evia Learning, Inc.
www.evialearning.com

ISBN 978-1-886553-08-8

Copyright © 2007 by Live Oak Multimedia, Inc.

Photographs copyright © by David Antoniuk, except where otherwise credited.

For permission to use copyrighted materials, grateful acknowledgement is made to the copyright holders listed on pages 234-235, which is considered an extension of this copyright page.

All rights reserved. No part of this book shall be reproduced, stored in a retrieval system, or transmitted by any means, electronic, mechanical, photocopying, recording, or otherwise, without written permission from the publisher. Although every precaution has been taken in the preparation of this book, the publisher and author assume no responsibility for errors or omissions. Nor is any liability assumed for damages resulting from the use of the information contained within.

Printed in China

Table of Contents

An introduction to Weiter geht's!

What is Weiter geht's! ?

The *Weiter geht's!* program emphasizes both language and culture, using three equal but distinct elements: interactive software, this *Lernbuch,* and time in class.

Interactive

To prepare for class, work first with the interactive software to introduce you to new words and cultural information you need to communicate effectively.

Lernbuch

After completing the software, work in this book to practice vocabulary, express yourself in writing, and read authentic German texts. The *Lernbuch* also contains classroom activities; bring it to class each day.

Class time

In class, you will work on your speaking and listening skills, as well as learn from the others in the class and from the instructor.

Learning strategies

You need to figure out how you learn best. Here are a few tips that work for everyone:

Spread it out:
It is much more efficient to study often for shorter periods than to cram everything into a mega-session once every week.

Review:
Learning a new word or phrase usually takes at least 60 successful recalls or uses. You can never review too much!

Keep up:
Don't let yourself fall behind in class.

Ask questions:
Communicate with your instructor when you are unclear on the language, culture, or what you are supposed to do for class.

Make connections:
If you don't know any German speakers, go meet some. There is no substitute for real people and real relationships.

Travel:
Whether as a tourist or to study, using what you learn in a German-speaking country is very rewarding.

Lernbuch icons

Here are some explanations of the icons you'll encounter when using the *Lernbuch:*

In-class activities
Whenever you see this icon, it's time for some small group conversation practice (your teacher will tell you the specifics).

Writing assignment – use separate paper
This involves a writing exercise to be done on a separate piece of paper, either by hand or in a word processing program on your computer.

Ich …

Model text
German text between two red lines is either a model or sentence starter and tips for completing the task.

WWW

World Wide Web research
Time to search the web and get some current data. But don't cut and paste – your instructor knows when you are using native German!

Exercise continues on next page …
Whenever you see this icon don't stop working – it means the text or questions continue on the next page.

Kennenlernen

A. Alphabet

When spelling things, especially on the phone, German speakers use the following alphabet. Use it to find out how to spell the first and last name of the person sitting next to you.

A wie Anton	P wie Paula
B wie Berta	Q wie Quelle
C wie Cäsar	R wie Richard
D wie Dora	S wie Samuel
E wie Emil	T wie Theodor
F wie Friedrich	U wie Ulrich
G wie Gustav	V wie Viktor
H wie Heinrich	W wie Wilhelm
I wie Ida	X wie Xantippe
J wie Julius	Y wie Ypsilon
K wie Kaufmann	Z wie Zacharias
L wie Ludwig	Ä wie Ärger
M wie Martha	Ö wie Ökonom
N wie Nordpol	Ü wie Übermut
O wie Otto	ß wie Eszet

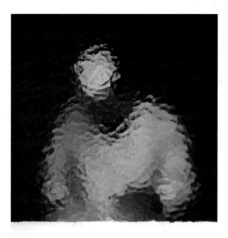

Wie heißt du? > Ich heiße Vanessa Campbell.

Wie schreibt man das? > V wie Viktor, A wie Anton …

B. Ein deutsches Alphabet

With your partner from A, come up with an alphabet for your current 'picture' of Germany. You can use nouns, verbs, adjectives …

A wie Audi, B wie Bier, C wie Cottbus (Stadt in Brandenburg), D wie …

2

C. Fragen stellen

Wie fragt man das auf Deutsch?

Name — Wie heißt du?

Alter

Telefonnummer

Herkunftsort

Wohnort

Geschwister

Semester

Hauptfach / Nebenfach

Hobbys / Interessen

Lieblingsrestaurant

Lieblingsbuch

Lieblingsfilm

D. Interview

Stellen Sie die Fragen in C an zwei Nachbarn. Schreiben Sie die Antworten in den Kasten.

Name

Alter

Telefonnummer

Herkunftsort

Wohnort

Geschwister

Semester

Hauptfach / Nebenfach

Hobbys / Interessen

Lieblingsrestaurant

Lieblingsbuch

Lieblingsfilm

E. Berichten

Stellen Sie Ihren Nachbarn/Ihre Nachbarin vor.

Er / Sie heißt …
Er / Sie ist … Jahre alt.
Seine / Ihre Telefonnummer lautet …
Er / Sie kommt aus …
Er / Sie wohnt in …
Er / Sie hat … Geschwister.
Er / Sie studiert (schon) im … Semester.
Er / Sie studiert …
Er / Sie liest gern …
Sein / Ihr Lieblingsrestaurant ist …

F. Beschreiben

Beschreiben Sie Elfriede und Tobias in drei Sätzen.

Elfriede: Ich bin Elfriede und ich wohne hier in Kassel. Kassel ist eine Stadt in der Mitte Deutschlands mit zweihunderttausend Einwohnern. Von Beruf her bin ich Sozialarbeiterin und Gesundheitspädagogin[1] und ich habe auch eine Ausbildung als Yoga-Lehrerin. Ich arbeite freiberuflich[2] mit Gruppen von Menschen. Also, Körperarbeit zum Beispiel mit Menschen, die Herz- oder Kreislaufprobleme[3] haben.

---

[1] health educator (woman)
[2] freelance
[3] *Herz- oder Kreislaufprobleme* - heart or circulatory problems

Tobias: Mein Name ist Tobias Stracke und ich bin dreiundzwanzig Jahre alt. Ich komme ursprünglich[4] aus Afrika, bin geboren in Afrika, aber ich bin aufgewachsen[5] in Deutschland. Ich arbeite jetzt bei einem Jugendcamp in der Mitte von Deutschland. Krefeld ist nördlich von Köln, am Niederrhein. Niederrhein ist wunderschön. Ich arbeite mit Jugendlichen[6] zusammen und habe vor allem die Aufgaben zu organisieren und zu managen.

---

[4] originally
[5] *aufwachsen* - to grow up
[6] youth

G. Hobbys

Wie finden Sie diese Hobbys? Machen Sie das auch gerne? Warum oder warum nicht?

Peter: Das Haupthobby ist wirklich das Rollenspielen[1]. Das verschlingt[2] zum Teil auch enorm Zeit. Das Spielen nicht so sehr, obwohl wir schon öfter mal acht Stunden an so einem Stück gespielt haben. So ein Abenteuer zu schreiben, Spielleiter[3] zu sein, das verschlingt noch viel mehr Zeit. Zum Beispiel habe ich mal ein Abenteuer geschrieben, das so um die vierzig Seiten lang war.

[1] playing role play games
[2] *verschlingen* - to eat up quickly
[3] *der Leiter* - leader

Johannes: Mein Hobby ist das Vogelbeobachten. Wir fahren gerne ans Meer oder zu besonderen Naturschutzgebieten[4] und beobachten, welche Vögel es dort gibt. Und es ist ein sehr schönes Hobby, weil man an der frischen Luft ist und weil man ganz erstaunliche Entdeckungen[5] machen kann.

[4] nature preserves
[5] discoveries

Henning: Mein Hobby ist die Titanic und ihre Geschichte. Mich interessiert in der Tat[6] die Geschichte, warum es sein kann, dass so eine Katastrophe die Menschheit so fasziniert. Es gibt ja sehr viele vergleichbar[7] große Schiffsunglücke[8] mit teilweise noch mehr Opfern[9]. Aber die Titanic ist irgendwie das Schiffsunglück, das die Menschen am meisten beschäftigt.

[6] *in der Tat* – in fact
[7] comparable
[8] *Unglücke* – wrecks, accidents
[9] victims

Ich finde Vogelbeobachten ADJEKTIV.
Ich mache … gar nicht gern.
Ich interessiere mich auch für …

H. Meine Hobbys

Schreiben Sie über Ihre Hobbys. Verwenden Sie Wörter und Phrasen aus den vorigen Texten.

A. Einander kennenlernen

Stellen Sie Ihrem Nachbarn/Ihrer Nachbarin diese Fragen. Notieren Sie die Antworten.

Nützliche Ausdrücke:

Bitte?	*What did you say?*
	(much more polite than Was?*)*
Ich auch.	*Me too.*
Ich nicht.	*Not me.*
Spinnst du?	*Are you crazy or something?*

Trinkst du lieber Kaffee oder Tee*?
Which do you like better, coffee or tea?

Ich trinke lieber Kaffee.

1. Trinkst du lieber Mineralwasser oder Leitungswasser[1]?

2. Isst du lieber Pizza mit Thunfisch oder mit Pilzen?

3. Isst du lieber Eier und Schinken oder Brot und Marmelade zum Frühstück?

4. Schwimmst du lieber im Meer oder im Schwimmbad?

5. Hörst du lieber Hip-Hop oder klassische Musik?

6. Spielst du lieber Videospiele oder Brettspiele?

7. Schaust du lieber Fußball oder Basketball?

8. Gehst du lieber ins Konzert oder auf eine Party?

9. Fährst du lieber mit dem Auto oder mit dem Fahrrad zum Campus?

[1] tap water

B. Was für ein Mensch bist du?

Fragen Sie einen Nachbarn/eine Nachbarin:
Bist du …? mit den Adjektiven unten.
Notieren Sie die Antworten.

Bist du optimistisch?

Ja, schon. Ich bin meistens sehr optimistisch.

Nein, eigentlich nicht. Ich bin eher pessimistisch.

1. optimistisch

2. sportlich

3. musikalisch

4. organisiert

5. fleißig

6. kreativ

7. hilfsbereit

Vergleichen Sie sich mit Ihrem Nachbarn/Ihrer Nachbarin. Beim Vergleichen verwenden Sie **und** und **aber**.

Alice ist immer optimistisch, und ich bin es auch.

Alice ist meistens optimistisch, aber ich bin selten optimistisch.

C. Wie sind sie?

Beschreiben Sie mit einem Nachbarn/einer Nachbarin die Persönlichkeit einer dieser Personen in 4-5 Sätzen. Verwenden Sie Formulierungen wie in A und B.

D. Freund oder Bekannter?

Lesen Sie die Texte und notieren Sie die Merkmale von „Freunden" und von „Bekannten" in den Kasten.

Brita: Über Freunde muss man mehr wissen als über Bekannte. Man muss eine persönliche Beziehung auch zu ihnen entwickelt[1] haben. Und ich denke, dass Freunde wirklich immer nur ganz wenige Leute sind. Ich würde sagen, die normale Anzahl[2] von Freunden liegt bei sechs bis sieben. Ein Freund ist immer jemand, zu dem ich auch eine emotionale Beziehung habe. Und die ist meistens sogar enger als zur Familie. Also, zumindest bei mir ist es so, dass die Freunde mir näher stehen als die Familie.

Viola: Ein Freund steht mir viel näher als ein Bekannter. Ein Bekannter ist jemand, mit dem ich zusammen studiere, der neben mir vielleicht am Tisch sitzt, mit dem ich mich kurz nett unterhalte[3], aber mit dem ich mich nicht noch weiter treffe, mit dem ich meine Probleme nicht bespreche. Während ein Freund eine sehr wichtige Person in meinem Leben ist, auf die ich mich hundertprozentig verlassen[4] kann.

Susanne: In Deutschland ist der Unterschied zwischen Freunden und Bekannten, dass Freunde wirklich nur engere[5] Freunde sind, mit denen man auch persönliche Dinge bespricht. Und Bekannte sind Leute, mit denen man sich vielleicht unterhält, aber weiter persönlich keinen Kontakt hat.

[1] *entwickeln* - to develop
[2] number
[3] *sich unterhalten* - to talk
[4] *sich verlassen auf* - to rely on

[5] closer

Freunde

Bekannte

E. Was ist ein Freund?

Besprechen Sie diese Fragen in einer Arbeitsgruppe.

1. Wieviele *friends* hast du?

2. Welche Unterschiede gibt es zwischen „Freunden" und *friends*?

3. Gibt es im Englischen ein Wort für „Bekannte"? Hört oder sagt man das Wort oft?

4. Klaus, ein Deutscher, kommt nach Amerika und studiert an Ihrer Universität. Die Studenten sind sehr freundlich. Einer sagt: „*Hey, guys, I'd like you to meet my new friend Klaus!*" Klaus ist etwas überrascht. Warum?

> Ein bisschen Freundschaft ist mir mehr wert als die Bewunderung der ganzen Welt.
> Otto von Bismarck

F. Der ideale Freund

Lesen Sie die Texte zum idealen Freund.

Viola: Der ideale Freund ist immer für mich da. Den kann ich immer anrufen, auch um fünf Uhr morgens, und dann kann ich auch hinfahren, oder er kommt zu mir, wenn es mir schlecht geht. Dieser ideale Freund ist aber nicht nur für Probleme da, sondern auch dafür, dass man das Leben miteinander genießen und viel zusammen erleben kann. Man reist zum Beispiel mit dem idealen Freund oder macht etwas Verrücktes[1] an einem Tag.

Nici: Der ideale Freund sollte auf jeden Fall zuhören können, Zeit haben können, auch mal spontan sein, lebensfroh sein und gute Ideen haben.

Henning: Den idealen Freund kann man beleidigen, ohne dass es eine Beleidigung ist.

Monique: Der ideale Freund muss mich anschreien[2] können, wenn ich irgendwas Bescheuertes[3] mache, dann muss er auch wirklich sagen können, du spinnst doch wohl. Und ich nehme es ihm dann nicht übel.[4]

[1]   something crazy
[2]   *anschreien* - to scream at
[3]   something stupid
[4]   And I don't take it wrong.

Catharina: Der ideale Freund sollte jederzeit Zeit haben, sich die Probleme des Anderen anzuhören, wirkliches Interesse am Anderen haben, ihm das auch zeigen, und er sollte den Anderen auch vor Unbekannten oder Anderen aus dem Freundeskreis[5] verteidigen[6], wenn diese schlecht über den Freund reden.

[5]   circle of friends, group of friends
[6]   *verteidigen* - to defend

Mit wem (Viola, Catharina, Henning, Nici, Monique) stimmen Sie am meisten überein? Warum?

G. Mein idealer Freund

Beschreiben Sie Ihren idealen Freund. Was ist anders als bei den Leuten in Abschnitt F? Was ist ähnlich?

Der ideale Freund ist für mich …

Ich finde, Henning hat Unrecht. Ich will einen idealen Freund nicht beleidigen.

Ich stimme mit Monique überein.

Ein Freund muss ehrlich sein und soll mir sagen, wenn ich etwas Bescheuertes mache.

H. Dein idealer Freund

Besprechen Sie mit einem Nachbarn/
einer Nachbarin folgende Fragen.
Notieren Sie die Unterschiede zwischen
Ihren Antworten.

Wie muss dein idealer Freund sein?
Mein idealer Freund muss …
(Infinitiv am Ende)

Was kann man mit dem idealen
Freund machen?
Man kann … (Infinitiv am Ende)

I. Ein Freund wird mein Freund

Lesen Sie die Texte. Fassen Sie die Meinungen in 2 bis 3 Sätzen zusammen.

Susanne: Was mir sofort an Amerikanern aufgefallen[1] ist, dass sie nicht so locker[2] sind, was Verabredungen[3] angeht. Ich hatte ein ganz witziges[4] Erlebnis mit meinem amerikanischen Sprechpartner, er als Junge und ich als Mädchen. Also, ich habe immer bei ihm angerufen und wollte mich mit ihm verabreden. Da sagte eine Freundin zu mir, die mal ein Jahr an einer High School in Amerika war: „Das kannst du doch nicht machen! Das macht man nicht! Wenn, dann müsst ihr euch abwechselnd[5] anrufen, oder er muss dich anrufen und so.“ Sehr kompliziert. Das fand ich sehr merkwürdig[6],

dass man nicht einfach so sagen kann: „Ja, lass uns doch mal nächste Woche ins Kino gehen,“ sondern wenn man zusammen ausgeht, dass man ein Date hat.

Catharina: Ich kenne wenige, die sich so richtig bei einem Date kennengelernt haben und danach dann ein Paar waren. Bei den meisten war es so, dass es sich auf irgendwelchen Partys einfach ergeben[7] hat. Wenn man wirklich einen netten Abend miteinander verbracht hat, und das Gefühl einfach stimmte[8], dann geht man meistens auch davon aus, dass dann daraus mehr folgt[9]. Dass man sich einfach wieder sieht. Dass der eine den anderen anruft.

---

[1] *auffallen* - to be noticed
[2] laid back
[3] meeting with someone
[4] funny
[5] alternately
[6] strange

---

[7] *sich ergeben* – to happen
[8] *stimmen* - to be right
[9] *folgen* - to follow

J. Wie ist es wirklich?

Diskutieren Sie mit einem Nachbarn/einer Nachbarin über Dating an Ihrer Universität.

Das erste Date ist nur ein erster Eindruck / nichts Besonderes / besonders wichtig.

Während eines ersten Dates bin ich schüchtern / zurückhaltend / vorsichtig / neugierig / aufmerksam / höflich / distanziert / nervös.

Nach ZAHL Dates wird es ernst.

Man geht am besten in ein gutes Restaurant / in eine Bar / in den Park / in eine Disko / ins Kino / gemeinsam auf eine Party.

Blind Dates finde ich aufregend / interessant / sinnlos / peinlich / ganz normal.

Der Mann soll die Rechung bezahlen / beide sollen die Rechung teilen.

Ein Date soll romantisch / lustig / informativ / oberflächlich / intim / unterhaltsam sein.

Nach einem Date rede ich mit meiner besten Freundin / meinem besten Freund darüber.

K. Regeln

Wie laden Sie jemanden zu einem Date ein oder zum Ausgehen als Freunde oder Bekannte? Schreiben Sie je drei Regeln, die verhindern, dass es zu einem Missverständnis kommt.

Dating

Als Freunde

L. Freundschaften

Beschreiben Sie einem Deutschen Ihren Freundeskreis. Sie sollen dabei auch klarmachen, dass Sie die Unterschiede zwischen der deutschen und der amerikanischen Perspektive zu dem Begriff „Freund / *friend*" verstehen.

1. Wieviele Leute sind in Ihrem Freundeskreis?

2. Wie unterscheiden sich Ihre Freunde von Ihren Bekannten?

3. Was machen Sie mit Ihren Freunden? Was machen Sie mit Ihren Bekannten?

A. Heiraten?

Was denken diese Deutschen über das Heiraten?

Heiko: Für mich kommt eine Ehe erstmal nicht in Frage. Ich selbst überlege[1] mir, woher kommt denn überhaupt diese Ehe, welchen Ursprung[2] hat sie. Da überwiegt[3] für mich ein christlicher Hintergrund. Da ich mich aber nicht mehr als Christ bezeichne[4], sondern als Agnostiker, hat natürlich für mich die Ehe keinen religiösen Grund mehr. Und wenn ich nicht aus religiösen Gründen heiraten möchte, weiß ich nicht, welchen tieferen Sinn Heirat wirklich hat. Wenn ich eine Frau wirklich liebe, kann ich das mit oder ohne Trauschein[5] machen.

> [1] *sich überlegen* – consider
> [2] origin
> [3] *überwiegen* – to predominate
> [4] *bezeichnen* - to characterize
> [5] marriage license

Lexi: Im Moment spielt Heiraten für mich keine Rolle. Ich habe nichts gegen das Heiraten, und ich weiß auch nicht, warum man unbedingt[6] heiraten muss. Das kommt dann auf die jeweilige Person an[7] oder auf die Situation, in der ich mich wahrscheinlich später befinde. Aber ich kann es mir durchaus vorstellen[8].

> [6] necessarily
> [7] *auf etwas ankommen* - to depend on
> [8] *sich vorstellen* - to imagine

Catharina: Ich finde es gut, wenn man seine Ausbildung[9] fertig hat, vielleicht auch schon ein oder zwei Jahre gearbeitet hat, sein eigenes Geld verdient und dann heiratet. Bei uns ist es ja auch nicht so, dass man nicht zusammen leben darf, wenn man nicht verheiratet ist, sondern man kann halt erstmal gucken, ob es passt. Das finde ich sowieso sehr wichtig, dass man das auch mal probiert, ob man überhaupt mit dem anderen Menschen vierundzwanzig Stunden am Tag, sieben Tage in der Woche, jeden Tag im Jahr zusammen sein kann.

> [9] education

Warum will Heiko nicht heiraten?

Will Lexi heiraten? Warum oder warum nicht?

Was meint Catharina? Was soll man machen, bevor man heiratet?

B. Wie sagt man das?

Übersetzen Sie diese Sätze. Verwenden Sie Vokabeln aus den vorigen Texten.

1. Marriage is out of the question.

2. I will not marry for financial (finanziellen) reasons.

3. It depends on my job.

4. I can't imagine it.

5. I think it's important.

C. Was meinen Sie?

Stellen Sie folgende Fragen an einen Nachbarn/ eine Nachbarin.

1. Wie findest du die Aussagen zum Thema Heiraten? Soll man heiraten und wenn ja, wann?

> Ich finde die Aussagen von Heiko …
>
> Ich stimme nur zum Teil mit der Meinung von Lexi überein.
>
> Ich bin der Meinung, dass …
>
> Bevor man heiratet, soll man …
>
> Man soll heiraten, wenn …

2. Willst du heiraten? Wann, warum oder warum nicht?

> Ich will irgendwann heiraten, weil …
> Ich will überhaupt nicht heiraten, weil …
> Ich bin unentschlossen, weil …

3. Was meinen Ihre Freunde zum Thema Heiraten? Denken sie eher wie Catharina, Heiko oder Lexi?

> Meine Freunde sind verschiedener Meinung. Einige meinen, dass …
>
> Andere sind der Meinung, dass …
>
> Sie denken genauso wie/überhaupt nicht wie …

D. Romanze?

Schreiben Sie fünf Wörter auf, die Sie stark mit dem Wort „Romanze" verbinden.

„Sachlich" heißt *matter of fact*. Was fällt Ihnen auf, wenn Sie den Titel dieses Gedichts lesen?

Sachliche Romanze[1] – Erich Kästner

Als sie einander acht Jahre kannten
(und man darf sagen: sie kannten sich gut),
kam ihre Liebe plötzlich abhanden[2]
wie andern Leuten ein Stock oder Hut.

Sie waren traurig, betrugen sich[3] heiter,
versuchten Küsse, als ob nichts sei,
und sahen sich an und wussten nicht weiter.
Da weinte sie schließlich. Und er stand dabei.

Vom Fenster aus konnte man Schiffen winken[4].
Er sagte, es wäre schon Viertel nach Vier
und Zeit, irgendwo Kaffee zu trinken.
Nebenan[5] übte ein Mensch Klavier.

Sie gingen ins kleinste Café am Ort
und rührten[6] in ihren Tassen.
Am Abend saßen sie immer noch dort.
Sie saßen allein, und sie sprachen kein Wort
und konnten es einfach nicht fassen[7].

---

[1]   unemotional romance
[2]   *abhanden kommen* - to get lost
[3]   *sich betragen* – to behave, to act
[4]   *winken* -to wave to
[5]   next door
[6]   *rühren* – to stir
[7]   *fassen* - to understand, comprehend

Wo wohnt dieses Paar? In einem Dorf? In einer Stadt? Begründen Sie Ihre Antwort.

Welche Wörter oder Phrasen haben mit der Zeit zu tun?

Welche Verben beschreiben eine Aktivität? Welche haben mit Gefühlen oder Gedanken zu tun?

Was meinen Sie: Bleiben sie zusammen oder trennen sie sich? Begründen Sie Ihre Antwort.

E. Eheberatung

Working with a partner, write an e-mail in German to an online marriage counseling service explaining your situation (as either the man or woman in Sachliche Romanze) *in 100 words or less.*

F. Ratgeber

Exchange the Eheberatung e-mails you wrote with a different group and give clear, concrete and effective advice on what to do. Give at least five steps that should be taken and the reasons why.

G. Kinder haben

Vergleichen Sie Ihre Meinung mit der von Lexi, Holger und Monique.

Lexi: Wenn ich genügend[1] Geld verdiene und mir das leisten[2] kann, mag ich auch fünf oder sechs Kinder um mich herum, warum nicht? Aber ich glaube schon, dass die Durchschnittszahl[3] in Deutschland schon so eins, zwei ist. Denn dann wird es finanziell schwierig. Aber mehr als eins möchte ich.

[1] enough
[2] *sich leisten* - to afford
[3] average number

Holger: Das hängt natürlich auch von meiner Partnerin ab, aber da ich eben in einer etwas größeren Familie aufgewachsen bin, kann ich mir das also sehr gut vorstellen, Kinder zu haben. Andererseits ist das heutzutage so, dass es dich sehr stark finanziell belastet. Die Familien mit Kindern gehören mit zu den ärmsten Schichten[4] in der Gesellschaft.

[4] levels, strata

Monique: Also, ich komme nicht so gut mit Kindern aus, die sind mir zu stressig, ich habe nicht die Geduld dafür. Es gibt zwar auch liebe Kinder, und dann finde ich es ganz schön, mal zehn Minuten mit ihnen zu spielen, aber dann bin ich ja froh, wenn die Mutter wieder sagt: „Ich nehme ihn wieder." Kinder sind nicht mein Ding. Außerdem ist man dann immer gebunden. Man kann nichts mehr spontan entscheiden. Und ich glaube, die Verantwortung wäre[5] mir einfach zu groß. Ich kann mich gut um Sachen kümmern, aber nicht um Kinder. Kinder sind lästig[6].

[5] would be
[6] annoying, a burden

H. Die beste Zeit?

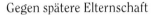

Die meisten Leute entscheiden sich dennoch für Kinder. Die Frage bleibt: Wann ist die beste Zeit, um ein Kind zu haben? Manche Leute meinen, je früher desto besser. Andere meinen, ältere Eltern sind verantwortungsvoller und finanziell besser abgesichert.

Formulieren Sie Argumente für und gegen frühere und spätere Elternschaft.

Für frühere Elternschaft

Gegen frühere Elternschaft

Für spätere Elternschaft

Gegen spätere Elternschaft

I. Wie ich es sehe

Schreiben Sie einen Aufsatz zum Thema Familienleben. Geben Sie Ihre Meinung zu den folgenden drei Fragen an:

1. Möchten Sie heiraten? Möchten Sie Kinder bekommen?

2. Wann soll man heiraten? Warum?

3. Wann soll man Kinder haben? Warum?

Man soll erst mit 30 heiraten, weil…

Man soll überhaupt nicht heiraten, weil…

Ich will irgendwann Kinder haben, weil…

Ich finde heiraten ADJEKTIV (z.B. altmodisch)

Ich weiß nicht, ob ich heiraten möchte.

Ich möchte nur heiraten, wenn…

Ich möchte ZAHL Kinder.

Ich will nicht heiraten, aber mein Freund / meine Freundin schon.

Ich bin schon verheiratet.

Ich habe schon ZAHL Kinder.

A. Das Äußere

Lesen Sie die folgenden Texte. Sie beschreiben das Aussehen von Menschen. Unterstreichen Sie fünf Wörter oder Phrasen, die auch Ihre Familie beschreiben.

Kristiana: Mein Vater kommt aus Griechenland und hat deswegen natürlich ziemlich dunkle Haare und einen Vollbart. Er ist relativ klein für einen Mann und hat immer ein Lachen im Gesicht. Mein Bruder, der ist siebzehn und hat so einen kleinen Bart. Seine Haare sind abrasiert, aber nicht aus politischen Gründen, sondern weil er gerne Hip-Hop hört. Meine Schwester, die hat mittellange Haare, ist klein, schlank und hat eine typisch griechische Nase, ganz gerade.

Monique: Ich habe eine Schwester, sie ist zwei Jahre älter als ich. Sie ist auch ungefähr neun Zentimeter größer als ich, worum ich sie sehr beneide[1]. Sie hat kurze Haare und blaue Augen. Meine Mutter ist ungefähr so groß wie ich und hat auch kurze, ganz dunkle Haare und sehr dickes Haar, braune Augen. Sie achtet ständig[2] auf[3] ihr Gewicht, nimmt ständig zu und ab und sieht auch dementsprechend aus. Also, sie sieht nicht schlecht aus, aber sie ist nie zufrieden. Mein Vater ist ungefähr eins achtundsiebzig, und er hat graue Haare, blaue Augen.

Brita: Meine Mutter ist ein Meter sechzig groß, hat dunkle Haare, braune Augen, ist ziemlich zierlich[4]. Mein Vater ist eins zweiundachtzig groß, hat blaue Augen, hat dunkle Haare, inzwischen eher weiße Haare, und ist schlank. Mein Bruder ist eins achtzig groß, hat auch blaue Augen, dunkle Haare, ist ziemlich blass[5] und ist sehr schlank. Also, der ist schon fast dürr[6], kann man sagen.

---

[1]   *beneiden um* - to envy someone for
[2]   constantly
[3]   *achten auf* - to watch, pay attention to

---

[4]   delicate
[5]   pale
[6]   scrawny

Wer hat die größte Mutter?

Wer hat die größte Familie?

Kristiana, Monique und Brita erwähnen verschiedene Körperteile. Welche?

Vergleichen Sie Ihren Vater, Ihre Mutter oder Ihre Schwester mit Kristianas Vater, Moniques Schwester oder Britas Mutter.

B. Das Innere

Lesen Sie diese Texte, die das Innere oder die Persönlichkeit von Menschen beschreiben. Unterstreichen Sie fünf Wörter oder Phrasen, die Ihre Familie oder Ihre Freunde auch beschreiben.

Monique: Meine Schwester ist sehr nett, ich verstehe mich sehr gut mit ihr. Sie kann manchmal auch ein bisschen störrisch[1] sein, so wie mein Vater. Sie hat eine gewisse Art von Selbstbewusstsein[2], die ich nie aufbringen könnte, da bin ich viel zurückgezogener[3]. Sie macht sich nicht so viel aus Dingen, die andere Leute sagen. Da bin ich empfindlicher[4].

Claudia: Meine Schwester und ich haben viele gleiche Interessen, zum Beispiel Sprachen, Musik und Sport, aber meine Schwester macht alles ganz schnell und ganz ordentlich, und ich bin immer ein bisschen chaotischer.

Viola: Meine Mutter und ich sind sehr gegensätzlich[5]. Meine Mutter ist eine sehr aufbrausende[6] Person, die sehr schnell von Null auf Hundertachtzig kommen kann, die sehr schnell wütend[7] werden kann. Und ich bin ein Mensch, der Harmonie liebt.

[1] obstinate
[2] self-confidence
[3] more withdrawn
[4] more sensitive
[5] opposite
[6] quick-tempered
[7] furious

Catharina: Mein Vater ist ein sehr liebevoller Mensch, warmherzig, offen, mit ihm kann ich über alles reden, und er kümmert sich sehr viel um mich. Meine Mutter ist etwas härter, zeigt weniger Gefühle, ist dafür eine sehr resolute, entschlossene[8] Frau, die in ihrem Beruf Erfolg hat.

Torgunn: Mein Vater ist sehr gesprächig, er redet immer sehr viel. Meine Mutter ist eher zurückhaltend[9], sie redet nicht so viel, wenn sie fremde Leute trifft.

[8] resolute
[9] reserved

Wer ist freundlich und nett?

Wer ist zurückhaltend oder zurückgezogen?

Mit wem kann man gut reden?

Wen möchten Sie kennenlernen? Warum?

C. Eigenschaften vergleichen

Vergleichen Sie die Menschen in A und B mit Ihren Familienmitgliedern.

Wie Kristianas Vater hat mein Vater …

Er ist nicht … , sondern …

Torgunns Eltern sind genauso wie / überhaupt nicht wie …

Meine Schwester ist ganz anders als …

Im Vergleich zu Britas Bruder ist mein Bruder …

D. Meine Familie und ich

Vergleichen Sie sich jetzt mit einem Familienmitglied.

Wie meine Mutter bin ich ruhig und ordentlich, im Gegensatz zu ihr treibe ich viel Sport und gehe oft mit Freunden aus.

Wie mein Vater mag ich Tiere und bin optimistisch, im Gegensatz zu ihm bin ich nicht so entschlossen.

Mein Bruder und ich sind völlig verschieden. Er ist sehr unordentlich und faul, aber ich nicht. Ich sehe überhaupt nicht wie meine Eltern aus. Sie haben beide braune Augen und Haare, aber ich habe blaue Augen.

Wir sind sehr ähnlich/unterschiedlich, und/aber wir kommen miteinander (nicht immer) gut aus.

E. Bei den Eltern wohnen

Lexi wohnt noch bei den Eltern. Was sind für sie die Vorteile? Die Nachteile?

Lexi: Es kommt natürlich darauf an, wie gut man sich mit seinen Eltern versteht. Viele Deutsche in meinem Alter haben längst eine eigene Wohnung und wohnen allein und haben
5 sich auch von ihren Eltern so ein bisschen innerlich getrennt[1]. Aber wenn man sich gut mit seinen Eltern versteht, dann ist es eigentlich auch nichts Besonderes, dass man eben doch noch bei den Eltern wohnt, wenn es Platz in der
10 Wohnung gibt und die Eltern nichts dagegen haben.

Ich empfinde[2] es als Vorteil, weil ich mich nicht um viele Dinge kümmern muss. Wenn ich Probleme mit den Behörden[3] habe oder ein
15 Problem mit Steuern[4], wo ich noch nicht genau Bescheid weiß, muss ich mich auch nicht groß kümmern, denn ich habe immer die Eltern im Rücken, die ich sofort fragen kann. Und natürlich kriege ich Essen gekocht, ohne dass ich mich
20 drum kümmern muss. Das hat wirklich viele Vorteile.

---

[1] *trennen* - to separate
[2] *empfinden* - to feel
[3] authorities, bureaucracy
[4] taxes

Auf der anderen Seite habe ich auch meine Privatsphäre nicht so. Ich habe auch schon zwei Jahre allein gelebt, und wenn man dann wieder zu den Eltern zurückkommt, ist es 25 schon schwierig. Denn man ist eingebunden[5] in diese familiären Sachen wie Abendessen, Mittagessen oder Frühstück. Jemand muss mit dem Hund spazieren gehen. Man hat nicht mehr seinen eigenen Zeitrhythmus und seine 30 eigene Privatsphäre. Manchmal belastet[6] das. Manchmal denke ich schon, wenn ich jetzt allein wäre, könnte ich essen, wann immer ich will, und nicht jetzt, wenn ich gar keinen Hunger habe.

---

[5] bound, obligated
[6] *belasten* - to be a burden

Vorteile

Nachteile

F. Bei der Familie wohnen

Arbeiten Sie mit einem Nachbarn/einer Nachbarin. Machen Sie eine Liste: Was sind die Vorteile, was die Nachteile, wenn man bei den Eltern wohnt?

Vorteile

Nachteile

G. Kindheit

Vergleichen Sie sich mit Barbara, Martin und Susanne.

Barbara: Ich war ein braves[1] Kind. Ich habe besonders gern gemacht, was meine Eltern von mir wollten. Nicht eigentlich wirklich, wenn ich mich heute überlege[2], aber ich war stolz darauf, das bravste Kind unter allen Geschwistern zu sein. Heute finde ich das eher schrecklich[3], aber es war so.

[1]   well-behaved
[2]   *sich überlegen* - to think about, consider
[3]   terrible

Martin: Als Kind war ich schon immer so von Technik fasziniert und habe gerne gebastelt, irgendwelche ferngesteuerte Autos gebaut und damit eben auch rumgespielt. Ansonsten war es eher das Übliche, denke ich, Fußball gespielt und Bücher gelesen, relativ früh und viel.

Susanne: Als Kind bin ich besonders gern mit meinen Freunden in den Feldern spielen gegangen. Wir wohnten in einem ganz kleinen Dorf und da gab es viele Felder und viel Wald in der Umgebung. Da konnte man gut spielen und sich verstecken, sich eine Höhle bauen und auf Bäume klettern.

Wie Barbara war auch ich ein braves Kind, aber ich war nicht stolz darauf, das bravste Kind zu sein.

H. Was habe ich gern gemacht?

Sprechen Sie mit einem Nachbarn/einer Nachbarin darüber, was Sie als Kind gern gemacht haben.

Hast du gern draußen im Wald gespielt?

Hast du gern Computerspiele gespielt?

Bist du gern mit deiner Familie zu McDonalds gegangen?

Bist du im Sommer gern schwimmen gegangen?

I. Erlaubt oder verboten?

Was durften Sie als Kind machen?

Ich durfte:	mit 6	mit 12	mit 16	nie
1. mein Zimmer so einrichten, wie ich wollte	☐	☐	☐	☐
2. Süßigkeiten kaufen so viel ich wollte	☐	☐	☐	☐
3. allein Sachen zum Anziehen kaufen	☐	☐	☐	☐
4. allein in der Gegend Rad fahren	☐	☐	☐	☐
5. nachts allein zu Hause bleiben	☐	☐	☐	☐
6. im Internet ohne Verbote surfen	☐	☐	☐	☐
7. ein Handy haben	☐	☐	☐	☐
8. mich ohne Erlaubnis piercen oder tätowieren lassen	☐	☐	☐	☐
9. Alkohol zu Hause trinken	☐	☐	☐	☐

J. Pflichten

Was mussten Sie als Kind machen?

Ich musste:	mit 6	mit 12	mit 16	nie
1. das Zimmer regelmäßig aufräumen	☐	☐	☐	☐
2. zu einer bestimmten Zeit ins Bett gehen	☐	☐	☐	☐
3. das Bad putzen	☐	☐	☐	☐
4. Lebensmittel einkaufen	☐	☐	☐	☐
5. für die Familie manchmal kochen	☐	☐	☐	☐
6. das Geschirr spülen	☐	☐	☐	☐
7. das Haustier füttern	☐	☐	☐	☐
8. den Rasen mähen	☐	☐	☐	☐
9. ein Instrument spielen	☐	☐	☐	☐
10. auf die Geschwister aufpassen	☐	☐	☐	☐

K. Wie war die Kindheit?

 Schreiben Sie einen Aufsatz über Ihre Kindheit.

Was haben Sie gern gemacht?

Was nicht gern?

Was mussten Sie machen?

Was durften Sie nicht machen?

Waren Sie immer ein braves Kind?

Haben Sie viel draußen gespielt?

Haben Sie oft Computerspiele gespielt?

A. Wo leben Ausländer?

Rechts stehen die Bundesländer mit ihren Abkürzungen. Die Zahlen geben an, wieviel Prozent Ausländer in den Bundesländern leben. Schreiben Sie die Abkürzung und die Zahlen in jedes Bundesland.

11,9	Baden-Württemberg (BW)
9,5	Bayern (BY)
13,7	Berlin (BE)
2,6	Brandenburg (BB)
12,7	Bremen (HB)
14,2	Hamburg (HH)
11,4	Hessen (HE)
2,3	Mecklenburg-Vorpommern (MV)
6,7	Niedersachsen (NI)
10,7	Nordrhein-Westfalen (NW)
7,7	Rheinland-Pfalz (RP)
8,3	Saarland (SL)
2,8	Sachsen (SN)
1,9	Sachsen-Anhalt (ST)
5,4	Schleswig-Holstein (SH)
2,0	Thüringen (TH)
8,8	**Gesamtdeutschland**

Statistisches Bundesamt   31.12.2005

Was sind mögliche Gründe, warum viele Immigranten in Hamburg, Bremen und Berlin sind?

Was sind mögliche Gründe, warum so wenige Immigranten in den neuen Bundesländern sind?

Wo wohnen die meisten Immigranten in Ihrem Land? Warum?

Warum wandern Immigranten in Ihr Land ein? Was meinen Sie: Warum wandern Immigranten nach Deutschland ein?

B. Perspektiven einer Ausländerin

Viktoria erzählt über ihr Leben als Ausländerin in Hamburg.

Wir haben noch Glück im Unglück, weil Hamburg eine sehr offene Stadt ist. Und hier unterscheiden sich Leute rasant[1] von Leuten im Süden. Als wir angekommen sind, haben wir gleich eine Rundreise[2] unternommen. Wir haben unsere Freunde in anderen Bundesländern 5 besucht: in Hessen, in Bayern, in Baden-Württemberg. Und dann haben wir gemerkt, dass es hier in Hamburg viel leichter für Ausländer ist, viel offener, und die Leute sind freundlicher. Wahrscheinlich ist es so, weil Hamburg eine Hansestadt ist und seit langem an die 10 Ausländer gewöhnt ist. Wir hatten keine feindlichen[3] Erfahrungen bis jetzt. Wir fühlen uns nicht abgegrenzt[4]. Außerdem sprechen die Hamburger nicht so stark Dialekt. Das ist mehr Hochdeutsch, das ist viel leichter als in Bayern oder Hessen. In Hessen musste 15 ich nach einem ausländischen Beamten am Bahnhof suchen, weil ich überhaupt nichts verstehen konnte, wenn ich Einheimische[5] gefragt habe. Dann habe ich einen Portugiesen gefunden und danach war es viel leichter. Zwischen zwei Ausländern geht es immer leichter. 20

---

[1]   starkly
[2]   tour
[3]   hostile
[4]   excluded
[5]   natives

Warum fühlt sich Viktoria in Hamburg so wohl?

Ich weiß nicht, was diese Integration eigentlich ist. Alle sprechen darüber, aber was soll das sein? Wenn man eine Arbeit bekommt, ist man dann schon integriert oder nicht? Ohne Arbeit geht das nicht, dann bleibt man zu Hause, egal ob man ein Deutscher oder ein 25 Ausländer ist. Als Arbeitsloser bist du außerhalb[6] der Gesellschaft. Hier gibt es Ausländer, die haben schon zwanzig Jahre gearbeitet und sprechen trotzdem kein Deutsch. Ob sie integriert sind? Es gibt Firmen, in denen die Leute nur auf Russisch sprechen. Und die 30 sind eigentlich nach ihren Papieren Deutsche. Sind sie dann integriert?

---

[6]   outside of

Was findet Viktoria wichtig für eine erfolgreiche Integration?

C. Neben mir ist noch Platz

Diese Geschichte handelt von einer Familie aus dem Libanon, die nach Deutschland kommt. Sie handelt auch von einer Freundschaft zwischen zwei Mädchen — Steffi aus Deutschland und Aischa aus dem Libanon.

Lesen Sie den Text und unterstreichen Sie mit verschiedenen Farben die Aussagen der zwei Mädchen.

Neben mir ist noch Platz – Paul Maar

„Aus welchem Land kommt eigentlich Aischa, mit der du morgens immer in die Schule gehst?", fragt Mama.

„Es heißt so ähnlich wie ,Luftballon'", sagt
5 Steffi.

„Ein Land ,Luftballon' gibt's höchstens[1] im Märchen[2]", sagt Mama. „Am besten, du lädst sie mal zu uns ein[3], dann frag ich sie einfach."

10 Als sie am nächsten Tag mit Aischa von der Schule nach Hause geht, fragt Steffi selbst.

„Unser Land heißt Libanon", antwortet Aischa.

„Das klingt[4], als wär's[5] höchstens eine Stadt",
15 sagt Steffi. „Am besten finde ich Länder, die hinten im Namen ein ,land' haben wie Deutschland, Holland oder England. Da hört man gleich, dass es ein Land ist."

„Libanon ist sogar großes Land", sagt
20 Aischa. „Ein schönes Land."

„Aber nicht so schön wie Deutschland!", sagt Steffi.

„Viel schöner!", behauptet Aischa.

„Schöner als Deutschland?" Steffi ist
25 beleidigt[6]. „Warum seid ihr denn dann weggegangen, wenn es dort so schön ist?"

Aischa senkt den Kopf und antwortet nicht.

„Sag doch!" drängt Steffi. „Oder weißt du keine Antwort!?"

30 „Weil dort Kampf[7] ist", sagt Aischa.

„Du meinst Krieg", verbessert Steffi.

---

1   at the most
2   fairy tale
3   *einladen* - to invite
4   *klingen* - to sound
5   *als wär's* – as if it were
6   insulted
7   battle, fight

„Meinen Onkel Ghazi haben sie erschossen[8]", sagt Aischa. „Und Papa wollten sie auch abholen[9]. Er hat sich versteckt und wir sind schnell weg mit dem Flugzeug." 35

„Erschossen?", fragt Steffi. „Da wäre ich aber auch schnell weg. Und du sagst, es wäre ein schönes Land!"

„Ist auch schön", sagt Aischa. „ist viel wärmer als hier. Manchmal im Sommer ist 40 es so heiß, da schläft die ganze Familie auf dem Dach[10]."

Steffi lacht. „Das glaubst du ja selber nicht!" sagt sie. „Du lügst mich an[11] – oder?"

„Mach ich nicht", sagt Aischa. „Die Dächer 45 sind bei uns anders als hier. Da oben kann man gehen, essen, Wäsche aufhängen und spielen..."

Steffi guckt Aischa an: Die schaut ganz ernst. So sagt Steffi nur: „Auf unserem Dach darf 50 ich jedenfalls nicht spielen. Du kannst dir's ja mal angucken. Am Sonntagnachmittag."

„Warum Sonntag?", fragt Aischa. „Kann man euer Dach nur am Sonntag sehen?"

„Nein. Es ist, weil du doch am Sonntag bei 55 uns eingeladen bist!"

---

8   *erschießen* - to shoot (dead)
9   *abholen* - to pick up
10 roof
11 *anlügen* - to lie to someone

Warum meint Steffi, dass der Libanon eine Stadt und kein Land ist?

Welche Stellen im Text zeigen, dass Aischa keine Muttersprachlerin[1] ist?

[1] native speaker

Zeichnen Sie die zwei verschiedenen Bilder von Dächern, die Steffi und Aischa haben. Warum stellen sie sich Dächer so vor?

Was lernt Steffi von Aischa über den Libanon? Schreiben Sie mindestens drei Sätze.

D. Aischa geht zu Steffi

Lesen Sie den Text und notieren Sie die kulturellen Unterschiede, die durch den Besuch klar werden.

Am Sonntagnachmittag klingelt es[1] bei Steffis Eltern an der Haustür. Steffi macht auf. Aischa steht draußen, neben ihr ein fremder Junge.

5 „Hallo, Aischa", sagt Steffi. Sie deutet auf den Jungen: „Wer ist das? Gehört[2] der zu dir?"

„Das ist Jussuf", sagt Aischa. „Er hat mitgekommen."

10 „Du meinst, er hat dich herbegleitet[3]", verbessert Steffi. „Komm doch rein, Aischa!"

Jussuf geht ganz selbstverständlich[4] hinter den beiden Mädchen her ins Haus.

15 Steffi denkt: ‚Warum kommt er einfach mit rein? Er ist doch gar nicht eingeladen!'

---

[1] *es klingelt* - the doorbell rings
[2] *gehören* - to belong to
[3] *er hat dich herbegleitet* – he escorted you here
[4] naturally

Sie ist ein bisschen ärgerlich[5]. Am liebsten würde sie ihn wieder wegschicken[6]. Er ist bestimmt zwei Jahre älter als sie und Aischa. Soll sie etwa den ganzen Nachmittag mit 20 diesem Jussuf spielen?

Da kommt Steffis Vater dazu. Er schüttelt[7] Aischa die Hand und sagt: „Das ist also Aischa, die Freundin von unserer Steffi. Und wer ist der junge Mann?" 25

„Das ist mein Bruder Jussuf", sagt Aischa.

Steffi hofft, dass Papa den großen Jungen wieder wegschickt. Aber er schüttelt auch ihm die Hand und sagt: „Guten Tag, Jussuf, komm nur rein!" 30

---

[5] annoyed
[6] *wegschicken* - to send away
[7] *schütteln* - to shake

Was ist für Aischa und Jussuf selbstverständlich? Notieren Sie die Wörter aus dem Text.

Steffi hat von diesem Besuch etwas anderes erwartet. Notieren Sie Wörter oder Phrasen aus dem Text.

Zuerst zeigt Steffi ihrer Freundin das Kinderzimmer. Jussuf geht mit den beiden Mädchen nach oben, bleibt verlegen[8] in der Tür stehen und guckt zu.

35 Aischa sitzt neben Steffi und staunt[9]. „So viele Sachen!", sagt sie. „So viele, viele Sachen. Das gehört alles dir? Du hast ein Bett für dich allein und du hast sogar Schreibtisch!"

40 „Natürlich", sagt Steffi. „Wo soll man denn sonst seine Hausaufgaben machen?"

„Na, am Küchentisch", sagt Aischa.

„Und was meinst du mit Bett für mich 45 allein?", fragt Steffi. „Das versteh ich nicht."

„Bei mir schläft kleine Schwester Fatima mit im Bett", sagt Aischa. „Wir haben nicht so viel Platz."

„Kann man denn da schlafen, mit 50 noch jemandem in seinem Bett?", fragt Steffi.

„Ja, kann man", sagt Aischa. „Ist manchmal schön. Wir können Geschichten erzählen vor dem 55 Einschlafen und Witze[10] machen."

Später grillt Steffis Vater für alle draußen im Garten. Papa legt auf jeden Teller zwei gegrillte Würstchen, eine Grilltomate und eine Scheibe Brot. 60

Als Aischa in ihr Würstchen beißen will, sagt Jussuf etwas in seiner fremden Sprache.

Aischa legt das Würstchen wieder zurück und isst nur die Grilltomate. Ihr 65 Bruder macht es genauso[11].

---

[8] embarrassed
[9] *staunen* - to be surprised

[10] jokes
[11] in the same way

Vergleichen Sie Aischas Zimmer mit Steffis Zimmer. Warum sind die Zimmer vielleicht so verschieden?

Warum wollen Aischa und Jussuf die Wurst nicht essen? Was denken die Personen in der Geschichte?

Steffis Mutter

Steffi

E. Wie geht es weiter?

Schreiben Sie einen Aufsatz zu einem der folgenden Themen.

1. Aischa und Jussuf essen nur die Grilltomate. Was passiert dann? Schreiben Sie ein mögliches Ende.

2. Schreiben Sie das Gespräch zwischen Steffi und ihren Eltern, nachdem Aischa und Jussuf wieder nach Hause gehen.

3. Schreiben Sie das Gespräch zwischen Steffi und Aischa am nächsten Schultag.

A. Im Ausland daheim

Erika Ferrata hat 2001 einen Artikel für die Reihe „Im Ausland daheim" *(at home in a foreign country)* für die Badische Zeitung geschreiben. Erika kommt aus Kamerun und wohnt in Freiburg.

Ich habe in Freiburg sowohl positive wie leider auch negative Erfahrungen gemacht. Bereits[1] in der Grundschule in der Unterwiehre[2] haben mich viele
5   Mitschüler wegen meiner Hautfarbe mit „Erika Schwarzenegger" und „Negerfrau" gehänselt[3]. Vielleicht ist es verständlich, dass man in so jungen Jahren fragt, warum jemand eine andere Hautfarbe hat, und
10 sich ab und zu deswegen[4] neckt[5]. Natürlich müsste es nicht sein[6].

Einmal wurden ein paar ältere Grundschüler sogar handgreiflich[7], haben mich „Nigger" genannt und gegen mein Schienbein[8] getreten[9]. Ein Glück, dass mein Bruder mir 15 in diesem Moment zur Hilfe gekommen ist. Als der Vorfall[10] auf einem Elternabend zur Sprache kam, hat sich die Situation an der Schule etwas beruhigt[11], doch aufgehört[12] haben die Sticheleien[13] nicht. Sie setzten 20 sich auch in der fünften und sechsten Klasse der Realschule fort[14]. Immer wieder gab es Konflikte wegen meiner Hautfarbe.

Ich denke, dass die Menschen, die uns Ausländer nicht akzeptieren, ganz einfach 25 Ignoranten sind, die nicht wissen, wie sehr sie uns verletzen[15].

Nach Abschluss der 9. Klasse habe ich in einer Bäckerei gearbeitet und bekam anschließend[16] sofort eine Ausbildungsstelle[17] 30 zur Einzelhandelskauffrau[18]. Diese Arbeit macht sehr viel Spaß, meine Kollegen sind sehr freundlich.

---

[1] already	[7] *handgreiflich werden* – to get violent
[2] part of the city of Freiburg	[8] shin
[3] *hänseln* - to tease	[9] *treten* - to kick
[4] because of that	[10] case, situation
[5] *necken* - to tease, annoy	[11] *beruhigen* - to calm down
[6] *Natürlich müsste es nicht sein.* – Of course, it doesn't have to be this way.	[12] *aufhören* - to stop
	[13] snide remarks
	[14] *sich fortsetzen* - to continue
	[15] *verletzen* - to hurt, injure
	[16] afterwards
	[17] position as a trainee
	[18] trained retail sales woman

Was ist Erika in der Grundschule passiert? In der Realschule?

Einige Grundschüler haben Erika mit Namen gehänselt, weil … (Verb am Ende). In der Realschule haben die Sticheleien zwar nicht aufgehört, aber …

Welche positiven Erfahrungen hat Erika in Freiburg gemacht?

Was meinen Sie: Hat Erika Recht, dass ausländerfeindliche Menschen einfach Ignoranten sind? Warum oder warum nicht?

Ich meine, Erika hat Recht / zum Teil Recht / Unrecht. Ausländerfeindliche Menschen sind …

B. Wie sagt man das?

Übersetzen Sie diese Sätze. Verwenden Sie Vokabeln aus den vorigen Texten.

1. She's had only positive experiences.

2. It's understandable that children are sometimes mean.

3. The conflict finally ended.

4. The situation has calmed down a bit, but the problems have not stopped.

C. Nicht mit einem Kopftuch

Elif Çelik ist Deutsche, aber sie hat auch einen Artikel für die Reihe „Im Ausland daheim" in der Badischen Zeitung geschrieben. Lesen Sie den Text und beantworten Sie die Fragen.

Ich bin deutsche Staatsbürgerin[1], auch wenn meine Wurzeln[2] kurdisch sind. Deutschland ist meine Heimat, denn hier ist der Ort[3], an dem ich selbstbestimmt[4] leben kann. Die deutsche Lebensweise[5] ist mir sehr nahe[6]. 5 Weil meine Familie bereits seit fast 30 Jahren in Freiburg lebt, ist ihre Einstellung[7] zur kurdischen Tradition nicht mehr so traditionell. Ich habe jedoch[8] die Erfahrung gemacht, dass ich aufgrund meiner Klei- 10 dung[9] nicht als Deutsche anerkannt[10] werde; leider nützt[11] mir mein deutscher Pass dabei überhaupt nichts. Denn ich bin gläubige Muslimin, kleide mich entsprechend den Vorschriften[12] des Koran und gehe nur be- 15 deckt[13] in die Öffentlichkeit[14].

---

[1] citizen
[2] roots
[3] place
[4] independently
[5] way of life
[6] close
[7] attitude
[8] however
[9] *aufgrund meiner Kleidung* – because of my clothing
[10] *anerkennen* – to recognize, acknowledge
[11] *nützen* - to be good for
[12] *entsprechend den Vorschriften* – according to the rules
[13] covered
[14] *in die Öffentlichkeit* – out into the public eye

Warum ist Elif froh, Deutsche zu sein?

Warum erkennen viele Elif nicht als Deutsche an?

Deshalb treten oft Probleme auf[15]. So haben es zwei Freiburger Krankenhäuser abgelehnt[16], mich aufgrund meiner Bekleidung als Prakti-kantin zu nehmen. In der einen Klinik war es [20] strikt verboten, mit Kopftuch zu arbeiten. Auf die Frage nach dem Grund[17] antwortete man mir, dass die Patienten dadurch „verwirrt[18]" werden könnten. In dem zweiten Krankenhaus entsprach[19] die dort übliche Schwesternbeklei- [25] dung nicht den Kleidervorschriften des Koran. Deswegen wollte ich meine eigene Arbeitsklei-dung tragen, doch das war verboten. Schließ-lich gelang[20] es mir, mit Hilfe eines Bekannten einen Platz in einem Krankenhaus in Bad [30] Krozingen zu bekommen. Während des Prak-tikums gab es wegen der Arbeitskleidung oder des Kopftuches überhaupt keine Probleme – weder seitens[21] der Patienten, noch der Stati-onsärzte oder meiner Arbeitskollegen. [35]

[15] *auftreten* - to occur
[16] *ablehnen* - to reject
[17] reason
[18] confused
[19] *entsprechen* - to reflect, correspond to
[20] *gelingen* - to succeed
[21] on the part of

Warum darf Elif in den zwei Krankenhäusern in Freiburg nicht als Praktikantin arbeiten?

Wie finden Sie die Gründe der Krankenhäuser? Warum darf Elif bei der Arbeit ihr Kopftuch nicht tragen?

Ich meine, man sollte am Arbeitsplatz Kopftücher (nicht) tragen, denn …

D. Schwimmunterricht

Elif erzählt weiter. Haben Sie je eine solche Erfahrung gemacht?

Es hat mich auch sehr bedrückt[1] und enttäuscht[2], dass ich in der Oberstufe den Leistungskurs Sport nicht wählen[3] konnte. Der Grund war die Sportart Schwimmen. Ich wollte aufgrund[4] meiner religiösen Überzeugung[5] nicht an dem Schwimmunterricht teilneh-men[6], weil zur gleichen Zeit auch Jungen im Schwimmbad Unterricht erhielten[7]. Die Möglichkeit, bei einer Lehrerin privaten Unterricht in einem Frauenschwimmbad zu bekommen, konnte leider nicht umgesetzt werden[8].

[1] *bedrücken* - to depress
[2] *enttäuschen* - to disappoint
[3] *wählen* - to choose
[4] because of
[5] conviction
[6] *teilnehmen* - to take part
[7] *erhalten* - to receive
[8] *konnte leider nicht umgesetzt werden* - could not be implemented

Was war das Haupt-problem für Elif beim Schwimmunterricht?

Was meinen Sie: Sollten die Schulen in Deutschland separaten Schwimmunterricht für Mädchen und Jungen anbieten? Warum oder warum nicht?

In welchen Situationen soll man für Schüler wegen ihrer Religion Ausnahmen machen?

E. Diskriminierung?

Lesen Sie Elifs Aussage und Artikel 3 aus dem Grundgesetz.

Elif: Obwohl im deutschen Grundgesetz[1] die Religions- und Meinungsfreiheit garantiert ist, werde ich es als gläubige[2] Muslimin in Deutschland sehr schwer haben, einen Ausbildungs- und Arbeitsplatz gemäß meinen Berufswünschen[3] zu finden. Meine Familie zahlt Steuern[4] wie jede andere deutsche Familie auch, dennoch[5] kann ich aufgrund meiner religiösen Überzeugung[6] meine Rechte und Chancen nicht wahrnehmen[7].

[1]	constitution
[2]	believing
[3]	*gemäß meinen Berufswünschen* – in accordance with my wishes for a career
[4]	taxes
[5]	nevertheless
[6]	conviction
[7]	*wahrnehmen* - to realize

Artikel 3 Gleichheit vor dem Gesetz; Gleichberechtigung[8] von Männern und Frauen; Diskriminierungsverbote

(3) Niemand darf wegen[9] seines Geschlechtes, seiner Abstammung[10], seiner Rasse, seiner Sprache, seiner Heimat und Herkunft, seines Glaubens, seiner religiösen oder politischen Anschauungen[11] benachteiligt[12] oder bevorzugt[13] werden. Niemand darf wegen seiner Behinderung[14] benachteiligt werden.

[8]	equal rights
[9]	because of
[10]	heritage
[11]	views
[12]	*benachteiligen* - to disadvantage
[13]	*bevorzugen* - to give preference to
[14]	handicap

Ist Elfis Situation ein Beispiel von Diskriminierung, wie es im Grundgesetz steht? Warum oder warum nicht?

F. Sie entscheiden

Was denken Sie: Ist das Diskrimierung oder nicht?

A. Ein Kind möchte vor dem Mittagessen beten. Die Schule sagt nein.

B. Ein Mann bekommt eine Stelle. Eine besser qualifizierte Frau bekommt die Stelle nicht.

C. Eine sehr gute Studentin asiatischer Abstammung bekommt kein Stipendium für Biologie, weil es zu viele Chinesen auf der Universität gibt.

Es hängt von ... ab. – *it depends on ...*

In diesem Fall – *in this case*

A. In der Schule

Lesen Sie den Text und beantworten Sie die Fragen.

Herausforderung Integration

So viel Prozent der 15-jährigen Schüler und Schülerinnen an deutschen Schulen haben einen Migrationshintergrund (sind zugewandert, Eltern oder ein Elternteil stammen/stammt aus dem Ausland)

Bremen	35,8 %
Hamburg	34,6
Baden-Württemberg	31,6
Hessen	30,4
Nordrhein-Westfalen	29,6
Berlin	26,1
Niedersachsen	24,1
Rheinland-Pfalz	23,4
Deutschland	*22,2*
Bayern	20,5
Saarland	19,9
Schleswig-Holstein	17,3
Brandenburg	6,0
Sachsen	5,9
Mecklenburg-Vorp.	4,7
Sachsen-Anhalt	4,4
Thüringen	3,6

Quelle: PISA, veröffentlicht 2005

© Globus 0310

Gute Sprachkenntnisse[1] sind nötig, um dem Unterricht folgen zu können. Viele Schüler sind benachteiligt, weil Deutsch nicht ihre Muttersprache ist. Mehr als jeder fünfte 15-Jährige an deutschen Schulen hat einen [5] Migrationshintergrund – das heißt, er ist selbst zugewandert oder die Eltern stammen[2] aus dem Ausland. Wie gut die Deutschkenntnisse sind, hängt weniger davon ab[3], wie lange jemand schon in Deutschland lebt, sondern [10] viel mehr davon, wie sehr er die deutsche Sprache im Alltag[4] verwendet[5]. Besonders hier geborene türkische Jugendliche sprechen untereinander und zu Hause oftmals kaum Deutsch. Diese Gruppe schnitt im PISA- [15] Test[6] so schlecht ab[7], dass ein erfolgreiches Weiterlernen in Ausbildung und Beruf für viele von ihnen fraglich ist. Hier sind große Integrationsbemühungen[8] von beiden Seiten gefragt[9] – von den Schulen und der [20] Gesellschaft[10] auf der einen Seite, von den ausländischen Mitbürgern auf der anderen.

---

[1] language skills
[2] *stammen aus* - to come from
[3] *abhängen von* - to depend on
[4] everyday life
[5] *verwenden* - to use
[6] *PISA-Test– Program for International Student Assessment*-given every three years to 15-year-olds in industrialized countries.
[7] *im Test schlecht abschneiden* – to do poorly on the test
[8] efforts toward integration
[9] necessary
[10] society

In welchen fünf Bundesländern gibt es die wenigsten Schüler mit einem Migrationshintergrund? Warum vielleicht?

Welche Faktoren bestimmen, wie gut die Deutschkenntnisse sind?

Warum sollten
die Schüler ihre
Deutschkenntnisse
verbessern?

Welche drei Gruppen
sollten mehr tun,
damit die Schüler ihre
Deutschkenntnisse
verbessern?

B. Wie sagt man das?

Übersetzen Sie diese Sätze. Verwenden Sie Vokabeln aus den vorigen Texten.

1. *It depends on good
   language skills.*

2. *In order to learn
   successfully, you need
   to speak German every
   day.*

3. *Young people often
   speak their mother
   tongue with each other.*

C. Die neuen Vorschläge zur Einbürgerung

Folgende Kriterien legen fest, wie man den deutschen Pass bekommt.

Aufenthaltsdauer[1]: Wer Deutscher werden will, muss mindestens acht Jahre im Land leben. Da die Innenminister aber die Integration fördern[2] wollen, gibt es Ausnahmen[3]: Besonders[4] engagierte[5] Ausländer, die etwa in der Freiwilligen Feuerwehr oder beim Roten Kreuz mitarbeiten und sich damit als bereits integriert erweisen[6], können schon nach sechs Jahren eingebürgert[7] werden. Dasselbe gilt[8] auch bei sehr guten Deutschkenntnissen.

---

[1] length of stay
[2] *fördern* - to encourage, promote
[3] exceptions
[4] especially
[5] involved
[6] *sich erweisen* - to show oneself to be
[7] *einbürgern* – to make a citizen
[8] *gelten* - to be valid

Wie lange muss man normalerweise in Deutschland leben, bevor man Deutscher werden kann?

Normalerweise muss man …

Gibt es Ausnahmen?

Ausnahmsweise kann man nach sechs Jahren Deutscher werden, wenn …

Sprache: Deutschkenntnisse sind eine Grundvoraussetzung[9] für die Einbürgerung. Mit einem mündlichen oder schriftlichen Test werden diese nach standardisierten Vorgaben[10] überprüft[11]. Auch hier sollen Ausnahmen möglich sein, zum Beispiel bei Ausländern mit einem niedrigen[12] Bildungsniveau[13], die aber seit langem in Deutschland leben.

---

[9]   basic requirement
[10] requirements
[11] *überprüfen* - to examine
[12] low
[13] level of education

Wie muss man zeigen, dass man genug Deutsch kann?

Normalerweise muss man …

Gibt es auch Ausnahmen?

Ausnahmen sind möglich, wenn man …

▸▸

Prüfung: Die Teilnahme[14] an einer Prüfung zur Staatsbürgerkunde[15] ist Pflicht[16]. Die Länder können entscheiden, ob die Prüfungen mündlich, schriftlich oder durch Rollenspiele erfolgen. Wer nicht an den vorbereitenden Einbürgerungskursen[17] teilnehmen will – etwa aus finanziellen Gründen oder weil er schon in Deutschland die Schule besucht hat – kann sich mit einer Einbürgerungsfibel[18] auf den Test vorbereiten[19]. Die Fibel[20] soll im Internet veröffentlicht werden.

[14] participation
[15] civics
[16] required
[17] *vorbereitenden Einbürgerungskursen* - preparatory civics courses
[18] naturalization handbook
[19] *sich vorbereiten auf* - to prepare for
[20] a (learning) primer

Wie möchten Sie diesen Test am liebsten machen? Mündlich, in einem Rollenspiel oder schriftlich? Warum?

D. Wie sagt man das?

Übersetzen Sie diese Sätze. Verwenden Sie dabei Vokabeln aus den vorigen Texten.

1. All states want to promote integration.

2. Exceptions are possible.

3. Participation is compulsory.

4. She wants to participate in the courses.

E. Integriert?

Lesen Sie den Text und beantworten Sie die Fragen.

Binjum Urdstuk: Meine Eltern kamen 1972 nach Deutschland. Mein Vater als Gastarbeiter. Ich kam 1979 und ging bis 1988 noch zur Schule. Dann habe ich eine Lehre als Kfz-Mechaniker abgeschlossen. Ich habe zwei Jahre als Geselle[1] bei der Firma Fiat gearbeitet. 1990 haben wir den Familienladen übernommen. Das ist ein Obst- und Gemüseladen, ein Familienbetrieb[2]. Ich habe zwei Söhne, sie gehen zur Schule und sind fleißig. Sie wollen aber kein Obst und Gemüse verkaufen.

Ich bin noch Türke, ich habe keinen deutschen Pass. Aber ich fühle mich wohl und auch meine Kinder fühlen sich wohl hier. Ich glaube, ich brauche den deutschen Pass nicht.

[1] journeyman
[2] family business

Was meinen Sie, ist Binjum integriert, obwohl er kein Deutscher ist? Warum oder warum nicht?

Hat er es leichter als Elif (2.2) sich zu integrieren? Warum oder warum nicht?

Was meinen Sie: Warum ist Binjum der Meinung, dass er keinen deutschen Pass braucht?

F. Ausländer sein

Lesen Sie die Aussagen von Viktoria. Was kann man im Ausland machen, um sich zu integrieren? Was können Sie machen, wenn Sie selber mal Ausländer/in sind, um sich zu integrieren?

Viktoria: Für Ausländer ist es sehr wichtig, dass sie unter Leuten bleiben und sprechen. Wenn man nach dem Sprachkurs nur zu Hause bleibt, dann geht das Sprachniveau automatisch nach unten. Es ist auch wichtig, etwas zu lernen. Am besten mit Deutschen. Es ist natürlich gut, die Sprachkurse mit Ausländern zu machen, aber wenn man nur unter Ausländern bleibt, dann kann man kein richtiges Deutsch lernen.

Wenn ich mal Ausländer/in bin, kann ich …

Wenn ich eine Fremdsprache lernen will, soll ich …

Wenn ich mich in eine andere Kultur integrieren will, muss ich …

G. Sich einpassen

Sie waren auch bestimmt mal „Ausländer": in einem Sommerferienlager, in einer neuen Schule, einer neuen Stadt, in der Familie Ihres Freundes/Ihrer Freundin. Was haben Sie gemacht, um sich einzupassen und sich mit anderen anzufreunden?

Als ich in eine neue Schule gekommen bin, habe ich …

Ich habe versucht, … zu VERB.

Es war schwierig, … zu VERB.

Ich habe mich … gefühlt.

A. Aussiedler

Svetlana: Ich heiße Svetlana Herdt. Ich bin 36 Jahre alt und Ärztin von Beruf. Ich komme aus Russland. In Russland habe ich studiert und zehn Jahre gearbeitet. Und dann bin ich 1999 mit meiner Familie 5 nach Deutschland eingewandert.

Wolgadeutsche sind die Leute, die im achtzehnten Jahrhundert von Katharina der Zweiten nach Russland eingeladen[1] wurden. Sie hat gesagt, kommt doch zu 10 uns. Also, sie war auch schlau[2], weil die Deutschen als Volk schon damals bekannt waren als fleißig. Und dann kamen ganz viele Deutsche dahin. Die Wolga ist ein Fluss, ein ganz großer Fluss, wo ganz 15 viele Deutsche bis jetzt wohnen. Aber ganz wenige bleiben jetzt. Alle sind zurück nach Deutschland ausgewandert.

Mein Großvater war Wolgadeutscher und während des zweiten Weltkriegs 1941 20 musste er mit seiner Familie nach Sibirien fahren und da in Sibirien arbeiten. Und deswegen komme ich aus Sibirien, nicht aus Wolga.

---

[1]   *einladen* - to invite
[2]   clever

Was sind Wolgadeutsche?	
Warum kommt Svetlana aus Sibirien und nicht aus dem Wolgagebiet?	
Gibt es noch viele Deutsche im Wolgagebiet? Warum oder warum nicht?	

▶▶

Ina Schröder: Ich heiße Ina Schröder und komme ursprünglich[3] aus Kirgisistan. Kirgisistan ist ein kleines Land in Mittelasien. In Kirgisistan habe ich etwa 15 Jahre gelebt und 1994 bin ich mit meiner Familie nach Deutschland immigriert. Seitdem wohne ich in Göttingen.

In Kirgisistan haben wir natürlich Russisch gesprochen. Obwohl meine Oma auch Deutsch gesprochen hat, das hat sie uns nicht beigebracht[4], weil man als Faschist beschimpft[5] wurde, wenn man Deutsch gesprochen hat. Deswegen haben wir Russisch gesprochen.

[3] originally
[4] *beibringen* - to teach
[5] *beschimpfen* - to swear at

Wo ist Kirgisistan?

Hat Ina Deutsch in Kirgisistan gesprochen? Warum oder warum nicht?

Ina Blank: Ich heiße Ina, ich komme aus Moldawien. Vor elf Jahren sind wir hierher gekommen nach Deutschland, meine Eltern und ich. Ich studiere Deutsch, Pädagogik und Kulturanthropologie im achten Semester. Und mir gefällt es sehr gut zu studieren und hier in Göttingen zu sein.

Es hat bei mir recht lange gedauert, der Integrationsprozess, was mich sehr schockiert hat, weil ich in Moldawien sehr integriert war. Und hier war ich dann plötzlich sehr isoliert. Und ich kam nicht durch, weil ich an der Hauptschule auch nicht so gut aufgenommen wurde[6] in meiner Andersartigkeit[7].

[6] *aufgenommen wurde* – was accepted
[7] differentness

Was hat Ina schockiert?

Warum wurde Ina in der Schule nicht gut aufgenommen?

B. Bananen

In her story Im Land der Schokolade und Bananen, *author Karin Gündisch chronicles the difficulties a fictitious ethnic German family from Rumania faces in their new German homeland.*

Im Land der Schokolade und Bananen –
Karin Gündisch

Am Nachmittag gehen Ingrid und Uwe mit den Eltern in die Altstadt von Nürnberg. Die Eltern können sich nicht satt sehen an den alten Häusern. Ingrid und Uwe interessieren
5 sich nicht dafür. Sie sind ungeduldig[1]: Sie wollen Bananen. Deutschland ist das Land der Schokolade und der Bananen.

Ich weiß nicht, ob das Geld reicht[2], sagt der Vater, erst morgen bekommen wir Begrüßungsgeld[3].
10 Er hat 1,75 DM in der Tasche[4] und dann noch etwas rumänisches Geld, das nun wertlos ist.

Ingrid und Uwe geben die Hoffnung nicht auf. Vielleicht reicht das Geld doch für vier Bananen.

15 Sie gehen in ein großes Kaufhaus und nehmen einen Einkaufswagen[5]. Sie sehen sich die vielen Lebensmittel an. Die schön verpackten Lebensmittel. So viele Lebensmittel haben sie überhaupt noch nie gesehen. Sie rühren nichts
20 an[6]. Sie stehen still, sehen zu, wie andere Leute einkaufen, dann gehen sie vorsichtig[7] die Regale entlang[8].

---

[1] impatient
[2] *reichen* - to be enough
[3] all Germans from other countries (including the GDR), received a set amount of "welcome money" when they arrived in the BRD.
[4] pocket
[5] shopping cart
[6] *anrühren* - to touch
[7] carefully
[8] *die Regale entlang* – along the shelves.

Ich denk, ich träume[9], sagt Ingrid. Sie streckt die Hand nach einem Becher[10] Erdbeerjoghurt aus. Die Erdbeeren will ich, sagt sie. 25

Dann reicht das Geld nicht für die Bananen, sagt Uwe.

Ingrid stellt den Joghurt bereitwillig[11] zurück. Ihr müsst mir aber versprechen[12], sagt sie, dass ihr mir den Erdbeerjoghurt ein andermal 30 kauft.

Morgen bekommst du ihn, sagt der Vater.

---

[9] *träumen* - to dream
[10] here: container, cup
[11] willingly
[12] *versprechen* - to promise

Woher wissen wir, dass diese Geschichte vor 2002 passiert ist?

Warum haben sie vor den Regalen stillgestanden?

Sie gehen zu den Bananen. Die Bananen hängen an einem Ständer[13], man kann sich selbst bedienen[14]. Uwe und der Vater lesen 35 die Preise vor: 2,30DM, 2,80DM, 1,90DM, 1,74DM. Vier Bananen für 1,74 DM. Uwe legt die Bananen in den großen, leeren Einkaufswagen und schiebt[15] ihn zur Kasse.

Ingrid ist es übel[16] von den vielen Gerüchen[17]. 40 Waschmittel- und Lebensmittelgerüche. Sie braucht frische Luft.

Der Vater zahlt an der Kasse. Er bekommt einen Pfennig zurück. Jedes Kind isst zwei Bananen. Sie essen sie auf der Straße. Die 45 Mutter und der Vater wollen keine Banane.

Ich habe mich schrecklich[18] gefühlt, sagt die Mutter.

Ich auch, sagt der Vater.

Warum?, fragt Ingrid.   50

---

[13] stand
[14] *sich bedienen* - to serve oneself
[15] *schieben* - to push
[16] nauseous
[17] smells
[18] horrible

Unterstreichen Sie alle Stellen im Text, die gesprochen werden. Notieren Sie, wer spricht.

Beschreiben Sie, was in dem Kaufhaus passiert ist.

Zuerst haben sie die Lebensmittel angesehen. Dann …

Wie fühlt sich Ingrid? Warum?

C. Ingrid stellt Fragen

In diesem Auszug will Ingrid wissen, warum die Familie nach Deutschland ausgewandert ist.

Ingrid kann nicht verstehen, warum ihre Familie ausgewandert ist. In Rumänien hat der Vater eine Arbeit gehabt. Er hat als Forstingenieur[1] in einem Büro gearbeitet.
5 Die Mutter hat auch ihre Arbeit gehabt. Jetzt sitzen die Eltern den ganzen Tag zu Hause und schreiben Bewerbungen.

Ingrid sagt zum Vater: Wir haben in Rumänien alles gehabt, was wir
10 gebraucht haben, Butter, Milch, auch Benzin. Warum sind wir hergekommen? Jetzt sind wir so weit weg von der Griesi und vom Otata.

Erinner dich, sagt der Vater, wie oft wir
15 Schlange gestanden sind um Butter, um Milch oder um Benzin, und wie kalt es in unserer Wohnung war im letzten Winter.

Ingrid erinnert sich noch gut an den letzten Winter.

---

[1] forester

Der Vater war nach der Arbeit meistens 20 unterwegs, auf der Suche nach Lebensmitteln.

Auch Ingrid und Uwe mussten oft Schlange stehen, um Milch oder Butter zu kaufen.   25

Beim Schlangestehen um Fleisch war das Gedränge[2] so groß, dass es für Kinder gefährlich wurde.

Sind wir wegen dem Schlangestehen ausgewandert?, fragt Ingrid.   30

Das ist nicht so einfach, sagt der Vater. Es gibt viele Gründe dafür. Es wandern eben viele aus, du siehst es ja selbst. Die Hälfte der Rumäniendeutschen lebt heute in Deutschland. Wir wollten nicht 35 mehr länger warten. Wenn du größer bist und wenn es dich dann noch interessiert, werde ich dir das alles besser erklären können.

Der Vater setzt sich an den Tisch und liest 40 die Stellenangebote[3] in der Zeitung.

Ingrid holt sich eine Banane aus der Küche, kriecht auf das Etagenbett und sieht sich aufmerksam im Zimmer um. Im Zimmer sind vier Eisenbetten, ein 45 Tisch, vier Stühle und ein Schrank. Auf dem Fußboden ist Linoleum. Das Zimmer ist ungemütlich.

Geht es uns hier besser als in Rumänien?, fragt Ingrid.   50

Im Augenblick[4] geht es uns nicht besonders gut. Wenn ich eine Arbeitsstelle finde, wird es uns aber gut gehen, sagt der Vater.

Findest du eine Arbeitsstelle?, fragt 55 Ingrid.

Ich hoffe es. Mach dir keine Sorgen, sagt der Vater, irgendwann finde ich bestimmt eine Stelle. Ich verspreche es dir.

Ingrid sagt nichts mehr. Wenn der Vater 60 etwas verspricht, dann hält er es auch. Jedenfalls war das bisher immer so.

Hoffentlich kann er sein Versprechen auch diesmal halten, denkt Ingrid.

---

[2] pushing, mobs of people
[3] job ads
[4] *im Augenblick* - at the moment

Was lernen wir aus diesem Text über Rumänien in den 80er Jahren des 20. Jahrhunderts?

Geht es der Familie besser in Deutschland? Warum?

Sie sind der Vater. Wie beantworten Sie Ingrids Frage über die Gründe der Auswanderung, wenn sie älter ist?

Als wir in Rumänien waren, konnten/mussten wir…
In Deutschland konnten/wollten wir…

D. Ein Brief

Schreiben Sie einen Brief von Ingrid an ihre Großelten in Rumänien. Suchen Sie in den Texten „Bananen" und „Ingrid stellt Fragen" nach Informationen für die Großeltern. Benutzen Sie das Perfekt *(conversational past)* mit Verben und das Präteritum *(narrative past)* mit *sein, haben* und Modalverben.

Nürnberg, den 24. Oktober 1984

Liebe Oma, lieber Opa,

gestern sind Uwe und ich mit Mama und Papa in die Stadt gegangen. Sie wollten nur die dummen alten Häuser anschauen, aber ich wollte …

A. Auswandern

Warum wollen Menschen heutzutage auswandern?

Viele Menschen wollen auswandern, weil es in ihrem Land … (Verb am Ende)
Andere Menschen wollen auswandern, weil sie … (Verb am Ende)

Aus welchen Gründen wollten Menschen am Anfang des 20. Jahrhunderts nach Amerika auswandern?

Man hat damals gemeint, …
Am Anfang des 20. Jahrhundert hat es in Amerika … gegeben.

B. Auf nach Amerika

Das Paradies liegt in Amerika –
Karin Gündisch

Ungefähr[1] zwei Jahre vor meiner Geburt kam ein Mann in unser Dorf, Benjamin Becker aus Bremen. Er erzählte den Leuten von einem besseren Leben in Amerika. In Youngstown im Staate Ohio würden Arbeiter für die Stahlwerke gebraucht.   5

In den nächsten Jahren wanderten mehrere Familien aus. Erst fuhren die Männer nach Youngstown, Pittsburgh oder anderswohin[2] und ein paar Jahre später schickten sie das Geld für die Familie für die große Reise über den Ozean.   10

Aus unserem Dorf waren noch keine Frauen und Kinder nachgezogen[3]. Darum war meine Mutter sehr erschrocken[4], als mein Vater eines Tages zu ihr sagte: „Mariechen, ich will auswandern und mein Glück in Youngstown versuchen. Dort brauchen sie 15 Arbeiter. Hier geht es mit der Wollweberei bergab[5]. Die Landwirtschaft[6] bringt zu wenig Gewinn. Das ist die Lage. Ich will nicht warten, bis wir nichts mehr zu beißen haben. Ich sehe einen einzigen möglichen Ausweg[7]: die Auswanderung."   20

[1] approximately
[2] to somewhere else
[3] *nachziehen* - to follow
[4] shocked
[5] *bergab gehen* - to go downhill
[6] agriculture
[7] way out

Was hat das „bessere Leben" damals konkret bedeutet?

Warum wanderten die Männer immer zuerst aus?

Welche Gründe gibt der Vater für die Auswanderung?

Meine Mutter weinte erst bitterlich, aber dann begann sie mit dem Vater Zukunftspläne zu schmieden[8]. Unsere Eltern hatten sich Folgendes vorgenommen[9]: Zuerst zieht der Vater nach Amerika. Das Geld für die Reise borgt[10] er sich vom Großvater. 25 Dann arbeitet er Tag und Nacht, und sobald es geht, bezahlt er seine Schulden[11] und schickt das Reisegeld für Peter. Dann arbeiten der Vater und Peter Tag und Nacht, und sobald es geht, schicken sie das Reisegeld für Mama, Regina, Emil und mich. 30

---

[8] *schmieden* - to hammer out
[9] *sich etwas vornehmen* - to plan
[10] *borgen* - to borrow
[11] debts

Wie hat die Mutter auf die Idee reagiert?

Wie finanzieren sie die Auswanderung?

Wer geht als erster dem Vater nach? Warum?

Wann kommen die Kinder nach?

C. Der Große Kurfürst

Johann erzählt vom Schiff, mit dem er und seine Familie nach Amerika gekommen sind.

Unser Schiff hieß „Der Große Kurfürst[1]"
und hatte Platz für beinahe 3000 Menschen.
Über drei Brücken gingen wir aufs Schiff. In
Heimburg kannten wir alle Menschen, aber
hier kannten wir von den vielen Tausenden
keinen einzigen. Unter all den Menschen
fiel mir einer aber besonders auf[2]. Er stand
in der Nähe der Schiffsbrücke, über die wir
an Bord gingen, und sang ein Lied. Die
Melodie von diesem Lied hat uns nicht mehr
losgelassen.

---

[1] electoral prince
[2] *auffallen* - to be noticed

Ein stolzes Schiff streicht[3] einsam durch die Wellen
und führt uns unsere deutschen Brüder fort.
Die Fahne[4] weht[5], die weißen Segel schwellen.
Amerika ist ihr Bestimmungsort[6].
Sie ziehn dahin auf blauen Meereswogen.
Warum verlassen sie ihr Heimatland?
Man hat sie um ihr Leben schwer betrogen[7].
Was hat sie nach Amerika gezogen?
Die Armut[8] trieb sie aus dem Vaterland.

---

[3] *streichen* - to stike (out)
[4] flag
[5] *wehen* - to blow in the wind
[6] destination
[7] *betrügen* - to deceive, cheat
[8] poverty

Hat sich die Familie wohl gefühlt an Bord? Warum oder warum nicht?

Ist das Lied fröhlich oder traurig? Welche Wörter im Lied deuten darauf hin?

Beschreiben Sie mit drei Adjektiven oder Phrasen das Lied. Was für Gefühle hat das Lied wohl erzeugt?

D. Neue Auswanderer

In einem Zeitungsartikel (2006) fragt Astrid Maier, warum Deutsche auswandern.

Warum Deutsche auswandern – Astrid Maier

Die meisten Menschen trauen sich[1] ihr Leben lang nicht. Anna Korb[2] hingegen hat es schon zwei Mal gewagt[3]. Als Kind kam die heute 33-jährige mit ihren Eltern aus der Ex-Sowjetunion
5 nach Karlsruhe in die Bundesrepublik. Es sollte kein Aufenthalt[4] für immer in Baden werden. Im Januar 2006 verabschiedete sich[5] Anna Korb auch aus der neuen Heimat.

Ihr Ziel[6]: Genf in der Schweiz. „Ich habe dort
10 einen guten Job gefunden", lautet der Grund, warum die diplomierte Innenarchitektin zum zweiten Mal das Wagnis eingeht[7], komplett von vorne anzufangen. Und sie fügt hinzu[8]: „Wenn ich sehe, dass meine Kinder sich dort besser
15 entwickeln[9] können, spielt der Wohnort für mich keine Rolle." 145.000 Deutsche packten 2005 auf der Suche nach einem bessern Leben ihre Koffer[10]. Was die Zahlen[11] nicht sagen: Dies ist die höchste Abwanderung[12] aus Deutschland seit 1954. Der
20 Hauptgrund für die Auswanderungswelle sind

bessere Arbeitschancen. Weitere Gründe seien soziale Kälte, mangelnde[13] Ausbildungs- und Berufsperspektiven und allgemein geringes[14] Vertrauen[15] in die Zukunft[16] des Landes.

---

[13] insufficient
[14] little
[15] confidence
[16] future

---

[1] *sich trauen* - to dare
[2] *Name geändert*
[3] *wagen* - to dare
[4] stay
[5] *sich verabschieden* - to bid farewell
[6] goal
[7] *ein Wagnis eingehen* - to take a gamble
[8] *hinzufügen* - to add
[9] *sich entwickeln* - to develop
[10] suitcases
[11] numbers
[12] exodus

Wo ist Anna geboren?

Wo ist sie aufgewachsen?

Wann ist sie nach
Deutschland gekommen?

Warum ist sie nach
Deutschland gekommen?

Wohin geht sie jetzt?
Warum?

A. Seele

Xenia Hübner ist Aussiedlerin aus Russland und studiert seit einem Jahr in Freiburg.

Xenia: Als ich 13 Jahre alt war, wurde Deutschland auch zu meinem Zuhause – es gab kein Zurück mehr für uns. Nach langen Jahren der „Hitlers Enkelin"- und „Deutsches Schwein"-Beschimpfungen ging mein größter Traum in Erfüllung: Endlich dort zu sein, wo Menschen meiner Nationalität leben, wo mein deutscher Name unter den Ivanovs und Petrovs nicht auffällt. Doch ziemlich schnell stellte ich fest, dass ich im neuen Land plötzlich zu einer „Russin" mutiert[1] bin und somit einer ganz besonderen Gruppe der deutschen Bevölkerung angehörte.

Ich war zwar eine „Russin", die sich Deutsche nennen durfte, aber die deutsche Sprache nicht beherrschte (wir haben in der Familie Russisch gesprochen), eine Deutsche, die eine „russische Mentalität" besaß und sich verloren vorkam in der Welt der Anträge[2], Bescheide[3] und Termine.

---

[1] *mutieren* – to mutate
[2] applications
[3] decisions about applications

Warum hat Xenia
Deutschland für ein
Traumland gehalten?

Warum fühlte
sich Xenia in der
Sowjetunion nicht zu
Hause?

Warum fühlt sie sich in
Deutschland auch nicht
zu Hause?

Xenia: Manchmal kehren die Erinnerungen an die Hilflosigkeit und Peinlichkeit der ersten Zeit zurück. Damals haben sie einem pubertierenden Teenager ganz schön zu schaffen gemacht. Die erste Schulzeit war unerträglich. Ich lebte von einem Wochenende zum anderen. Zu Hause, mit meiner Familie, fühlte ich mich am wohlsten und sichersten.

Oft war der Gedanke, am Montag wieder in die Schule gehen zu müssen, so beängstigend, dass ich ohne zu zögern einfach schwänzte[4]. Jahre später erfuhr ich, dass das Gerücht in der Klasse geisterte[5], ich würde am Wochenende wahrscheinlich so viel Wodka trinken, dass es mir mit meinem Kater[6] unmöglich gewesen sei, am Montag zum Unterricht zu erscheinen.

---

[4] *schwänzen* - to cut, skip class
[5] *das Gerücht in der Klasse geisterte* – the rumor spread (among the kids) in my grade
[6] hangover

Beschreiben Sie eine typische Woche aus Xenias erster Zeit als Schülerin in Deutschland

Xenia: Als ich im vergangenen Jahr nach Freiburg zum Studieren kam, waren die Sprach- und Integrationsprobleme längst überwunden. Jetzt, nach sieben Jahren in Deutschland, habe ich die Freiheit, darüber zu entscheiden, ob ich meine Herkunft verrate oder nicht.

Wie lange dauerte es, bis Xenia so gut Deutsch spricht, dass man nicht weiß, sie kommt aus Russland?

Warum ist es für Xenia wichtig, Deutsch ohne Akzent sprechen zu können?

B. Hundertprozentig deutsch?

Ina Blank: Ich fühle mich fremd im Kreise von russischsprachigen Menschen. Ich war 13, als wir da weggegangen sind, und mir sind viele Kommunikationsstile[1] der Erwachsenen nicht bekannt. Ich fühle mich wesentlich wohler im deutschen Kulturkreis.

Was mir an Deutschland gefällt ist, dass man auch sehr sachlich miteinander reden kann, ohne dass da eine Verpflichtung[2] entsteht, ohne dass da sofort der Nutzen[3] dahinter, der soziale Nutzen oder noch schlimmer, materielle Nutzen mit in Betracht gezogen wird[4]. Ich meine, alleine im osteuropäischen Raum aufgrund[5] der schwierigen materiellen Lage ist dieser Gedanke immer dabei, was habe ich für einen Nutzen aus dem Kontakt. Und in Deutschland empfinde ich das überhaupt nicht so. Niemand braucht eigentlich jemanden, um zu überleben, rein materiell gesehen.

---

[1] ways of communicating
[2] obligation

[3] usefulness
[4] *in Betracht gezogen wird* - is considered
[5] because of

Wie findet Ina die deutsche Mentalität?

Svetlana Herdt: Es ist schon komisch, in Russland fühlte ich mich nicht so, dass ich da hundertprozentig Russe bin. Hier in Deutschland dagegen fühle ich mich nicht hundertprozentig deutsch. Gut, ich habe da dreißig Jahre gewohnt und das ist meine Heimat. Ich meine schon, dass ich diese russische Mentalität, diese Herzlichkeit und Offenheit auch hier im Blut habe, was manche Deutsche nicht haben. Die wollen das nicht oder kennen das nicht. Deswegen kann ich nicht sagen, dass ich hundertprozentig Deutsche bin.

Wie findet Svetlana die deutsche Mentalität?

C. Mentalität

Besprechen Sie die folgenden Fragen mit einem Nachbarn/einer Nachbarin.

1. Wie kann man die deutsche Mentalität charakterisieren?

2. Wie kann man die US-amerikanische Mentalität charakterisieren?

3. Vergleichen Sie die deutsche und die US-amerikanische Mentalität. Inwiefern sind sie ähnlich? Inwiefern sind sie verschieden?

D. Im Vergleich

Corina: Vielleicht merke ich das, wenn ich in Rumänien bin. Ich war nicht so oft dort in der Zeit, seitdem ich in Deutschland bin, aber ich denke, man betrachtet die Städte ein bisschen anders. In Deutschland ist ja alles immer so perfekt gemacht. 5 Nicht unbedingt perfekt, aber man ist sehr auf Ordnung bedacht. In Rumänien hat man doch das Chaos, das sieht man auch schon im Verkehr. In Rumänien zum Beispiel ist Autofahren so wie in Italien, dort geht es ja auch ein bisschen schneller 10 zu[1]. Manchmal hat man Glück, und es passiert kein Unfall, und manchmal hat man Pech[2], da geht man ein kleines Risiko ein. Ich hatte auch echt meine Schwierigkeiten in Rumänien, da Auto zu fahren, weil ich wirklich gucken musste, ob da nicht jetzt 15 gleich ein Auto reinfährt[3]. Das ist ein Unterschied zwischen Deutschland und Rumänien.

Was ist der Unterschied zwischen Deutschland und Rumänien, den Corina erwähnt?

---

[1] *zugehen* - to happen, take place
[2] bad luck
[3] *reinfahren* - to collide

Andersrum[4] gibt es auch vieles, wie zum Beispiel diese Ordnungssucht[5], etwas typisch Deutsches, was man in Rumänien nicht hat. Vielleicht ist es eine 20 gute Eigenschaft in Rumänien, dass man einfach offener auf Menschen zugeht. In Deutschland sind die Menschen ein bisschen kritischer. Die Deutschen sind sehr nett und freundlich und so weiter, aber immer auf Distanz. Die Deutschen wollen ja 25 immer erst gucken, wer ist das überhaupt, und in Rumänien geht man doch ein bisschen offener zu, und man ist nicht ganz so kritisch. Man hält sich nicht so lange auf Distanz, bis man sich vielleicht mit jemandem anfreundet. Das ist vielleicht etwas 30 Positives auf der rumänischen Seite.

Inwiefern ist die deutsche und die rumänische Mentalität anders?

---

[4] the other way around
[5] need for order

E. Neues gelernt

Arbeiten Sie mit einem Nachbarn/einer Nachbarin.

1. Was hast du am Anfang des Kurses mit Deutschland assoziiert?

2. Was hast du seit dem Anfang des Kurses über Deutsche und/oder Deutschland gelernt?

Am Anfang des Kurses / Am Ende des Kurses …

Zum Beispiel finde ich …

Ich habe auch gelernt, dass …

Ich habe mit Deutschland immer … verbunden.

Neu / Interessant / Überraschend war für mich, dass …

Ich habe nicht gewusst / erwartet / gedacht, dass …

Ich würde allen empfehlen, einen Deutschkurs zu belegen und Deutschland zu besuchen!

F. Ein neues Alphabet

Arbeiten Sie mit einem Nachbarn/einer Nachbarin und schreiben Sie ein neues Alphabet für Deutsche und Deutschland. Zeigen Sie dadurch, was Sie jetzt mit Deutschen/Deutschland assoziieren.

A wie Aussiedler, B wie Bremen …

G. Meine Seele

 Beantworten Sie die folgenden Fragen in einem Aufsatz.

1. Woher kommen Ihre Vorfahren mütterlicherseits? Und väterlicherseits?

2. Zeigt Ihre Familie Merkmale Ihrer Herkunft? Zum Beispiel, Traditionen, Feiertage, Sprachen, Mentalität/Seele? Wenn ja, schreiben Sie davon. Wenn nicht, welche Traditionen haben Sie in Ihrer Familie, und woher kommen sie?

> In meiner Familie feiern wir …
>
> Meine Großeltern sprechen noch …
>
> In der X Kultur ist es wichtig, … (zu + Infinitiv am Ende).
>
> Meine Eltern haben mir beigebracht, … (zu + Infinitiv am Ende).
>
> Bei mir zu Hause ist es eine Gewohnheit, … (zu + Infinitiv am Ende).
>
> Für mich ist es wichtig, … (zu + Infinitiv am Ende).

3. Beschreiben Sie Ihre Familie und ihre Einflüsse auf Sie.

4. Wo haben Sie Ihre Kindheit verbracht? Was für einen Einfluss hatte der Ort auf Sie?

> Da ich in einer kleinen / durchschnittlichen / großen Familie aufgewachsen bin, musste ich als Kind … (Infinitiv am Ende).
>
> Der Ort, wo ich meine Kindheit verbracht habe, ist klein / durchschnittlich / groß, und deswegen (Verb) …
>
> Durch meine Erfahrungen als Kind (Verb) …

Bierhaus in Köln   Köln, Deutschland

Fachwerkhäuser   Quedlinburg, Deutschland

Weihnachtskrippe   Ulm, Deutschland

Emmantaler Hügellandschaft   Lueg, Schweiz

Gastarbeiter bei der Kartoffelernte   Schleswig-Holstein, Deutschland

Innenstadt Frankfurt am Main, Deutschland

Documenta 11   Kassel, Deutschland

Altstadt von Bamberg   Bamberg, Deutschland

A. 1918 bis 1936

Was wissen Sie schon von dem Anfang der Nazi-Zeit in Deutschland? Ordnen Sie die Ereignisse in die Tabelle ein.

November 1918	
28. Juni 1919	
Februar 1920	
1923	
9. November 1923	
1929	
30. Januar 1933	
April 1933	
September 1935	
August 1936	

A) Die Nürnberger Rassengesetze

B) Die Weltwirtschaftskrise

C) XI. Olympische Sommerspiele in Berlin

D) Der Erste Weltkrieg ist zu Ende

E) Die Hyperinflation

F) Adolf Hitler wird zum Reichskanzler; die Diktatur des Nationalsozialismus beginnt

G) Die Gründung der Nationalsozialistischen Deutschen Arbeiterpartei (NSDAP)

H) Der Boykott jüdischer Geschäfte; die Entfernung von Juden aus dem Staatsdienst

I) Der Friedensvertrag von Versailles

J) Der Hitlerputsch

B. Ein Gespräch

Diese Geschichte handelt von einem jüdischen Jungen in der Zeit des Nationalsozialismus. Der Erzähler ist ein Freund von Friedrich.

Damals war es Friedrich – Hans Peter Richter

Vater kam spät von der Parteiversammlung[1] heim. Müde schaute er zur Uhr. Zu Mutter sagte er: „Ich möchte jetzt noch nicht essen."

Mutter schaute aus der Küchentür nach ihm. Mit
5 einem Seufzer[2] ging sie danach wieder an ihre Arbeit.

Aber Vater überflog[3] die Zeitung sehr unaufmerksam[4]. Jedes Mal, wenn sich im Haus etwas regte[5], öffnete er die Flurtür einen Spalt[6], um
10 hinauszulauschen.

Als er den Schritt von Herrn Schneider auf der Treppe hörte, riss Vater die Wohnungstür auf. Er warf die Zeitung zu Boden und trat hinaus auf den Treppenabsatz[7], um Herrn Schneider abzu-
15 fangen[8].

Herr Schneider stieg langsam die Treppen herauf. Friedrich begleitete[9] ihn, er trug seines Vaters Tasche. Erstaunt blickten die beiden auf meinen Vater, der ihnen den Weg versperrte[10].

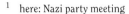

1   here: Nazi party meeting
2.   sigh
3   *überfliegen* - to glance over
4   without paying attention
5   *sich regen* – to move
6   crack
7   landing
8   *abfangen* - to intercept
9   *begleiten* - to accompany
10   *versperren* - to block

„Herr Schneider", sagte Vater ganz leise, „darf 20 ich Sie einen Augenblick[11] zu uns hereinbitten?"

Herr Schneider fragte: „Kann Friedrich mitkommen?"

Vater war einverstanden. Er führte die beiden in unser Wohnzimmer. Herrn Schneider bot er 25 einen Platz am Fenster an, Friedrich wies[12] er zu mir.

Friedrich und ich, wir spielten still Domino in der Ecke beim Ofen.

11   moment
12   *weisen* – to point

Wo war der Vater?

Wo wohnt die
Familie?

Wieviel Uhr ist es
ungefähr?

Auf wen hat der
Vater gewartet?

Woher wissen
wir, das der Vater
nervös ist?

Wie alt sind viel-
leicht Friedrich
und der Erzähler?

C. Offen reden

30 Vater gab Herrn Schneider eine von den guten
Sonntagszigarren, er selber zündete[1] sich eine
Zigarette an. Die beiden rauchten still eine Weile
vor sich hin, ehe sie begannen.

„Es fällt mir schwer, Herr Schneider", murmelte
35 Vater. Dann sagte er etwas lauter: „Darf ich frei
und offen reden?" Dabei blickte er Herrn Schneider voll an.

Das Gesicht von Herrn Schneider war sehr ernst
geworden. Er zögerte[2] erst. „Ich bitte darum!",
40 antwortete er schließlich. Die Hand mit der Zigarre zitterte[3] leicht; Aschenstäubchen schwebten[4]

---

[1] *zünden* - to light
[2] *zögern* - to hesitate
[3] *zittern* - to tremble
[4] *schweben* - to float

auf Hose und Boden.

Schuldbewusst[5] senkte Vater den Blick auf den
Boden. Fast flüsternd[6] teilte er Herrn Schneider
mit: „Ich bin in die Partei eingetreten."   45

Ebenso leise und ein wenig enttäuscht entgegnete
Herr Schneider: „Ich weiß!"

Überrascht hob Vater der Kopf.

„Ihr Sohn hat es mir verraten[7]!" ergänzte Herr
Schneider. Seine Stimme klang traurig. „Und ich   50
konnte es mir auch denken."

---

[5] feeling guilty
[6] *flüstern* - to whisper
[7] *verraten* - to betray, give away

Lesen Sie noch einmal Zeilen 30–32.
Warum macht das der Vater?

_____

Er möchte … (Infinitiv am Ende).
_____

Welche Nachricht möchte der Vater Herrn
Schneider mitteilen? Ist der Vater stolz darauf?
Warum oder warum nicht?

_____
Der Vater sagt Herrn Schneider, dass … (Verb am Ende).
Es ist klar, dass der Vater (nicht) stolz ist.
_____

Warum ist die Nachricht keine Überraschung für Herrn Schneider?

D. Parteimitglied

Vorwurfsvoll[1] schaute Vater zu mir herüber. Erregt[2] zog er an seiner Zigarette. Leise redete er weiter. „Sie müssen das verstehen, Herr Schneider,
55 ich war lange arbeitslos. Seit Hitler an der Macht ist, habe ich wieder Arbeit, bessere Arbeit, als ich erhofft hatte. Es geht uns gut. In diesem Jahr können wir zum ersten Mal alle zusammen eine Urlaubsreise mit ‚Kraft durch Freude' machen.
60 Man hat mir inzwischen schon wieder eine gute Stelle angeboten[3], weil ich Parteigenosse[4] bin. Herr Schneider, ich bin Mitglied der NSDAP geworden, weil ich glaube, dass es meiner Familie und mir zum Vorteil[5] gereicht."

65 Herr Schneider unterbrach[6] meinen Vater: „Ich verstehe Sie sehr, sehr gut. Vielleicht – wenn ich nicht Jude wäre – vielleicht hätte ich genauso gehandelt[7] wie Sie. Aber ich bin Jude."

Vater nahm eine neue Zigarette. „Ich stimme kei-
70 neswegs[8] der Partei in allem zu, was sie fordert und tut. Aber, Herr Schneider, hat nicht jede Partei und jede Führung ihre Schattenseiten[9]?"

---

[1] reproachfully
[2] agitated
[3] *anbieten* - to offer
[4] party member
[5] advantage
[6] *unterbrechen* - to interrupt
[7] *hätte ich genauso gehandelt* - I would have done exactly the same thing
[8] by no means, not at all
[9] dark side

Warum wird der Vater Mitglied der Partei?
Halten Sie seine Entscheidung für richtig?

Ist der Vater gern in der Partei?

Wie reagiert Herr Schneider auf die Nachricht?

Was machen die beiden Jungen während dieses Gesprächs?

Herr Schneider lächelte schmerzlich[10]: „Und leider stehe diesmal ich im Schatten."

„Und deswegen habe ich Sie hereingebeten, Herr 75
Schneider", ergriff Vater wieder das Wort[11], „darüber wollte ich mit Ihnen reden!"

Herr Schneider schwieg. Sein Blick lag voll auf Vater; von Furcht war nichts darin zu erkennen. Nun zitterte seine Hand nicht mehr. Er atmete tief 80
und ruhig. Mit Genuss[12] rauchte er die Zigarre.

Friedrich hatte das Dominospiel schon lang beiseite geschoben[13]. Er horchte[14] auf die Unterhaltung der Erwachsenen. Seine Augen erschienen ungeheuer[15] groß, aber man konnte glauben, dass die irgend- 85
wohin ziellos in die Gegend gerichtet seien[16]. Mich beachtete Friedrich nicht mehr. Auch ich lauschte[17] dem Gespräch der beiden Männer. Wenn ich auch nicht alles verstand, so berührte mich doch der Ernst, mit dem sie redeten. 90

---

[10] painfully
[11] *das Wort ergreifen* – to take the floor, to begin to speak
[12] enjoyment
[13] *beiseite schieben* - to shove aside
[14] *horchen* - to listen
[15] tremendously
[16] *dass sie irgendwohin ziellos in die Gegend gerichtet seien* - that they were staring randomly into space
[17] *lauschen* - to listen to

Der Vater wird Parteimitglied, weil …
Ich finde seine Entscheidung (nicht) richtig, weil …

E. Gehen Sie fort!

„Wissen Sie, Herr Schneider", begann mein Vater wieder, „ich habe heute Nachmittag eine Parteiversammlung[1] besucht. Ich möchte Sie fragen, Herr Schneider: Warum bleiben Sie mit
95 Ihrer Familie noch hier?"

Herr Schneider lächelte erstaunt.

Aber Vater fuhr fort: „Viele Ihrer Glaubensbrüder[2] haben Deutschland bereits verlassen, weil man ihnen das Leben zu schwer gemacht hat. Und
100 das wird noch nicht aufhören, das wird sich noch steigern[3]. Denken Sie an Ihre Familie, Herr Schneider, gehen Sie fort!"

Herr Schneider reichte meinem Vater die Hand. „Ich danke Ihnen für Ihre Offenheit", sagte er,
105 „und ich weiß sie zu schätzen[4]. Sehen Sie, auch ich habe mir schon überlegt, ob es nicht besser wäre, aus Deutschland zu fliehen. Es gibt zwei Gründe, die dagegen sprechen."

„Hören Sie meine Gründe", setzte Herr Schneider
110 seine Erklärung fort, „Ich bin Deutscher, meine Frau ist Deutsche, mein Sohn ist Deutscher, alle

unsere Verwandten sind Deutsche. Was sollen wir im Ausland? Wie wird man uns aufnehmen[5]? Glauben Sie wirklich, dass man uns Juden anderswo lieber sieht als hier? – Und überdies: 115 Das wird sich auf die Dauer beruhigen. Seit das Olympische Jahr angefangen hat, lässt man uns fast ganz in Ruhe. Finden Sie nicht?"

Beim Abstreifen[6] der Asche zerbrach[7] Vater seine Zigarette. Sofort holte er eine neue aus der 120 Schachtel[8]. Mit Kopfschütteln[9] hörte er Herrn Schneiders Worten zu: „Trauen Sie dem Frieden nicht, Herr Schneider."

„Seit zweitausend Jahren gibt es Vorurteile[10] gegen uns", erläuterte[11] Herr Schneider. „Niemand darf 125 erwarten, dass diese Vorurteile in einem halben Jahrhundert friedlichen Zusammenlebens schwinden[12]. Inzwischen sind die Menschen aber doch wohl ein wenig vernünftiger[13] geworden."

---

1   party meeting
2   coreligionists
3   *sich steigern* - to increase
4   *schätzen* - to appreciate
5   *aufnehmen* - to accept, receive
6   *abstreifen* - to remove
7   *zerbrechen* - to break (in half)
8   box
9   shaking the head
10 prejudice, bias
11 *erläutern* - to explain
12 *schwinden* - to fade away
13 more reasonable

Welche Gründe nennt der Vater, warum die Schneiders Deutschland verlassen sollten?

Welche Gründe nennt Herr Schneider, warum er und seine Familie bleiben?

In welchem Jahr findet diese Geschichte statt?

Denken Sie, wie Herr Schneider, dass es jetzt weniger Vorurteile gibt und dass die Menschen vernünftiger geworden sind?

Herr Schneider hat Recht/Unrecht. Die Menschen sind (nicht) vernünftiger. Ein Beispiel ist …

F. Gründe

130 Vater zog die Augenbrauen zusammen: „Sie reden, Herr Schneider, als ob Sie bloß eine kleine Gruppe gereizter[1] Judenhasser zu fürchten hätten. Ihr Gegner ist ein Staat!" Vater drehte die Zigarette zwischen den Fingern und rauchte 135 hastig.

„Das ist doch unser Glück!", entgegnete[2] Herr Schneider. „Man wird unsere Freiheit einschränken[3], man wird uns vielleicht ungerecht behandeln, aber wir brauchen wenigstens nicht 140 zu fürchten, dass tobende[4] Volksmassen uns gnadenlos ermorden."

---

[1] agitated
[2] *entgegnen* - to respond
[3] *einschränken* - to restrict
[4] *toben* - to yell, create a disturbance

Herr Schneider beugte sich vor. Er sprach ruhig und sicher: „Gott hat uns Juden eine Aufgabe gestellt. Wir müssen sie erfüllen. Immer sind wir verfolgt[5] worden, seit wir unsere Heimat 145 verlassen haben. In der letzten Zeit habe ich viel darüber nachgedacht. Vielleicht gelingt es uns, dem unsteten[6] Wandern ein Ende zu machen, wenn wir nicht mehr fliehen, wenn wir dulden[7] lernen, wenn wir ausharren[8], wo wir hingestellt 150 sind."

Vater drückte seine Zigarette aus: „Ich bewundere Ihren Glauben, Herr Schneider", sagte er, „aber ich kann ihn nicht teilen. Ich kann nicht mehr tun, als Ihnen raten: Gehen Sie fort!" 155

Herr Schneider erhob sich. „Was Sie denken, kann nicht sein, im zwanzigsten Jahrhundert nicht! – Aber ich danke Ihnen für Ihre Offenheit und für Ihre Sorge um uns." Und wieder schüttelte Herr Schneider Vaters Hand. 160

Vater geleitete ihn zur Tür.

Herr Schneider winkte[9] Friedrich zu sich. Im Flur blieben sie noch einmal stehen. „Und wenn Sie doch Recht haben sollten", ganz leise sprach Herr Schneider, „darf ich Sie um eines bitten?" 165

Vater bejahte[10] schweigend.

„Wenn mir etwas zustoßen[11] sollte", leise und stockend kam es, „nehmen Sie sich bitte meiner Frau und des Jungen an!"

Vater fasste nach Herrn Schneiders Hand und 170 drückte sie fest.

---

[5] *verfolgen* - to persecute
[6] restless
[7] *dulden* - to tolerate
[8] *ausharren* - to endure
[9] *winken* - to wave
[10] *bejahen* - to affirm
[11] *zustoßen* - to happen to

Sind der Vater und Herr Schneider Freunde oder Bekannte? Warum meinen Sie das?

Welche Sätze und Phrasen zeigen, dass der Vater pessimistisch ist?

Welche Sätze und Phrasen zeigen, dass Herr Schneider immer noch optimistisch ist?

Wie zeigt Herr Schneider am Ende des Textes, dass er doch Bedenken[1] hat?

[1] reservations

G. Tagebuch

Wählen Sie eine Rolle: der Vater, Herr Schneider, der Erzähler, Friedrich. Schreiben Sie in Ihr Tagebuch über das Gespräch und über Ihre Gedanken zum Gespräch.

Gestern/Heute abend habe ich mit … gesprochen.

Ich war (sehr) …

Ich konnte/wollte/musste (nicht) … VERB

Ich habe das Gefühl, dass … (Verb am Ende)

Ich habe gedacht, dass … (Verb am Ende)

Jetzt weiß ich (nicht), was … (Verb am Ende)

Ich habe Angst, dass … (Verb am Ende)

A. Wieder in Frankfurt

Helga Ansari erzählt von den letzten Kriegstagen 1945, als sie neun Jahre alt war. Ihre Geschichte ist durchaus repräsentativ für viele Kinder dieser Zeit.

Kippen stechen – Helga Ansari

Nach zwei Jahren, die ich durch Landverschickung[1] bei fremden Bauern in Löhnberg/Lahn verbracht hatte, kehrte ich im Dezember 1944 wieder in meine Heimatstadt Frankfurt/Main zurück[2]. Ich fühlte

5 mich sehr verloren, denn was ich sah, war nicht das Frankfurt, das ich verlassen hatte. Zwar erinnerten[3] einige der ehemaligen Prachtbauten[4] in der Kaiserstraße noch an frühere Zeiten, aber wohin ich blickte, sah ich Ruinen und Trümmer[5]. Ich fragte mich

10 zum Main[6] durch und suchte eine Brücke, die noch begehbar[7] war, um auf die andere Seite nach Sachsenhausen zu gelangen[8]. Mit Mühe und Not[9] fand ich die Brückenstraße und unser Haus, das zum Glück unzerstört[10] geblieben war. Ich raste[11] die Treppe hoch

15 und klingelte Sturm, aber niemand öffnete!

[1] sending children out of cities
[2] *zurückkehren* - to return
[3] *erinnern* - to remind
[4] magnificent buildings
[5] rubble
[6] Main river
[7] traversable
[8] *gelangen* - to reach
[9] *mit Mühe und Not* - with great effort
[10] undestroyed
[11] *rasen* - to rush

Wo war Helga, bevor sie nach Frankfurt zurückgekehrt ist? Warum?

Warum war es schwer für Helga, ihr Haus wieder zu finden?

Beschreiben Sie die Stadt vor dem Krieg und jetzt, als Helga versucht ihr Haus zu finden.

Vorher hat es … gegeben, aber jetzt gibt es …
Es war schwierig für Helga, weil …
Sie musste …

B. Zu Hause

Helga steht an der Tür. Niemand öffnet. Welche Gedanken hat sie vielleicht jetzt? Wie fühlt sie sich?

Mein Herz klopfte[12] wild, große Angst beschlich[13] mich, dass meine Omi, die ich von allen am meisten liebte, vielleicht nicht mehr am Leben sei. Als ich im Februar 1943 mit meiner Schulklasse verschickt wurde, waren meine Eltern und meine kleine 20 Schwester nach Hof/Saale gezogen, wo mein Vater arbeitete. Omi blieb allein im Bombenhagel[14] von Frankfurt zurück, damit wir das Anrecht[15] auf unsere Wohnung nicht verlören. Ich hatte Heimweh[16] und mir große Sorgen um sie gemacht, deshalb war ich 25 von dem Bauern in Löhnberg ausgerissen[17]. Ich war neun Jahre alt. Was sollte ich tun, wo sollte ich hingehen, wie konnte ich ohne Omi weiterleben?

Aber da kam sie schon gebückt die Treppe herauf, schleppte keuchend[18] einen Eimer[19] Wasser. Alt und 30 dünn war sie geworden. Ich riss ihr den Eimer aus der Hand, und dann umarmte ich sie lachend und weinend. „Kind, Kind", rief sie, „wo kommst du denn mit einem Mal her? Da kann man vor Freude ja einen Herzschlag[20] bekommen!"   35

---

[12] *klopfen* - to beat
[13] *beschleichen* - to creep over
[14] hail of bombs
[15] claim
[16] *Heimweh haben* - to be homesick
[17] *ausreißen* - to run away
[18] gasping for breath
[19] pail
[20] heart attack

Wo sind Helgas Eltern?

Warum wohnt die Großmutter noch in Frankfurt?

Warum ist Helga von dem Bauern ausgerissen?

Wo war die Großmutter, als Helga geklingelt hat?

Wie sieht die Großmutter aus?

Wie reagiert die Großmutter, als sie Helga sieht?

C. Das Leben geht weiter

Was braucht man zum Überleben, wenn man in einer ausgebombten Stadt wohnt?

In unserer Wohnung sah alles verändert aus. Ausgebombte Untermieterinnen[1] bewohnten mit ihren Kindern unsere beiden größten Zimmer. In Omis Zimmer fehlten die Fensterscheiben,
40 Pappe[2] war vor die Fenster genagelt, die natürlich die Kälte nicht abhielt. Eine Brandbombe hatte die Wohnung gestreift[3], ihre schwarzen Spuren an der Wand hinterlassen und ein Loch in den Holzfußboden gebrannt. Omis Zimmer war voll
45 gestellt mit unseren besten Möbeln, man konnte sich kaum darin bewegen. Trotzdem war ich

---

1 subletters
2 cardboard
3 *streifen* - to graze

Wie haben die Wohnung, die Fenster, die Wand, und der Boden ausgesehen? Warum?

Geht Helga noch zur Schule?

Wie war Helgas Alltag in dieser Zeit?

War es zu dieser Zeit in Frankfurt gefährlich? Warum oder warum nicht?

Warum steht Helga vielleicht Schlange?

glücklich, wieder daheim zu sein.

Jetzt ging mein Leben in Frankfurt weiter wie vor der Verschickung, allerdings ohne den gewohnten[4] Schulunterricht. Das Wichtigste 50 war, täglich Lebensmittel[5] zu organisieren und Wasser heranzuschleppen. Dazwischen liefen wir bei Fliegeralarm in den nahen Bunker oder, wenn die Zeit nicht mehr reichte, hinab in den Luftschutzkeller[6]. 55

Beim Schlangenstehen[7] hörte ich, wo es etwas zu organisieren gab und welche Stadtbezirke[8] beim letzten Angriff[9] besonders gelitten[10] hatten. Aber ich schnappte auch Flüsterparolen[11] auf, dass die Amerikaner schon im Anmarsch[12] 60 seien, es nur noch eine Frage von Wochen oder Tagen sei, bis der Krieg vorbei wäre. Ich brachte alle Nachrichten heim zu Omi und abends im Bett, wenn wir uns aneinander kuschelten[13] und wärmten, diskutierten wir leise darüber. 65

---

4 usual
5 food
6 air raid shelter
7 standing in line
8 city districts
9 attack
10 *leiden* - to suffer
11 whispered sayings
12 *im Anmarsch sein* - to be advancing
13 *kuscheln* - to cuddle

D. Die letzten Tage

Wir überlebten die letzten bitterkalten Wintertage, weil ich in den Trümmern Holz für unseren kleinen Kanonenofen[14] stahl[15] und Omi aus alten Armeedecken Jacken für uns nähte

70 und Handschuhe aus mehrmals aufgeräufelter[16] Wolle strickte[17]. In der Küche und in der Badewanne[18] hielten wir Kaninchen[19]. Endlich wurde es Frühling, und ich konnte für sie zwischen

den Trümmern Löwenzahnblätter[20] suchen. Als die Kaninchen geschlachtet[21] wurden, aß ich ihr 75 Fleisch heißhungrig. Durch mein Leben auf dem Lande hatte ich meine Einstellung[22] Haustieren gegenüber geändert, ich akzeptierte sie nun als Nahrung[23], denn wir hungerten oft.

Das Ende des Krieges stand bevor[24]. Die letzten 80 Tage vor dem Einmarsch der Alliierten verbrachten wir im Bunker. Ich hatte allerlei Gerüchte[25] aufgeschnappt. Ich stellte mir die Feinde, die unser Land besiegt[26] hatten, als furchterregende[27] Wesen[28] mit Hörnern auf dem Kopf vor[29]. 85

Als der ständige[30] Maschinengewehrfeuerlärm der letzten drei Tage verebbt[31] war, wagten wir uns aus dem Bunker heraus[32]. Wie bestaunten wir die Amerikaner, die auf Panzern einfuhren! Ich konnte es kaum fassen[33]: sie sahen aus wie 90 ganz normale Menschen!

---

[14] wood-burning stove
[15] *stehlen* - to steal
[16] *aufräufeln* - to unweave
[17] *stricken* - to knit
[18] bathtub
[19] rabbits

[20] dandelion leaves
[21] *schlachten* - to butcher
[22] attitude
[23] food
[24] *bevorstehen* - to approach
[25] rumors
[26] *besiegen* - to conquer
[27] fearsome
[28] beings
[29] *sich vorstellen* - to imagine
[30] constant
[31] *verebben* - to ebb
[32] *sich herauswagen* - to dare to come out
[33] *Ich konnte es kaum fassen.* - I could hardly believe it.

In Erinnerung an
alle Aachener Frauen,
die während des
Krieges das Überleben
der Menschen in unserer
Stadt absicherten und
nach Ende des Krieges
dafür sorgten, Aachen
wieder bewohnbar
zu machen.

Woher hat Helga Kleidung bekommen?

Wie ist Helgas Einstellung zu Haustieren jetzt anders als vor dem Krieg?

Wie hat Helga sich die Amerikaner vorgestellt?

Was hat Helga überrascht, als die Amerikaner einmarschiert sind?

Was hat Helga durch diese Kindheitserfahrungen vielleicht gelernt?

Was verbindet Helga wahrscheinlich jetzt mit „Krieg"?

E. Vati ist da

Renate Dziemba erzählt von der Heimkehr ihres Vaters nach dem Krieg.

Unheimlich groß und dünn – Mein Vati!
– Renate Dziemba

Es wurde schon dunkel an diesem Nachmittag des 5. Dezember 1945. Ich war allein zu Hause und machte meine Hausaufgaben. Joachim, der zwei Jahre ältere Sohn der Wirtin[1], war schon
5 damit fertig und spielte mit anderen Kindern draußen. Wo Mutti wohl so lange bleibt? Sie wollte doch nur zum Einkaufen in die Berliner Straße. Hat sie vielleicht Bekannte getroffen?

In diesem Augenblick[2] klingelte es[3]. Ich hatte
10 ein bisschen Angst. Wer konnte das sein? Mutti nimmt doch immer ihre Schlüssel[4] mit. Da hörte ich Joachims Stimme[5]: „Renate, mach mal auf, dein Vati ist da!"

Das wollte ich nun gar nicht glauben. Ich wusste
15 von Mutti, dass er in einem Kriegsgefangenenlager[6] war. Ganz leise[7] schlich[8] ich zur Wohnungs-

tür. Vorsichtig hob ich die Briefklappe[9] hoch. Ich sah nur Beine. Da bückte sich[10] Joachim auf der anderen Seite der Tür, so dass ich sein Gesicht sehen konnte, und wiederholte[11] noch einmal: 20 „Mach doch endlich auf, dein Vati ist da!"

---

[1] landlady
[2] moment
[3] *klingelte es* - the doorbell rang
[4] keys
[5] voice
[6] prisoner of war camp
[7] quietly
[8] *schleichen* - to creep

---

[9] letter slot
[10] *sich bücken* - to bend over
[11] *wiederholen* - to repeat

Wer sind sie und was machen sie?

Renate

Joachim

Mutter

Vater

Warum ist Renate allein zu Hause?

Warum hat Renate ihren Vater nicht erwartet?

Wenn doch bloß[12] Mutti da wäre! Zögernd[13] öffnete ich die Tür. Vor mir stand ein Soldat mit einem Holzkoffer[14] in der Hand und einem
25 Rucksack auf dem Rücken. Was ich sah, konnte ich nicht begreifen[15]. Zwar erkannte ich meinen Vati noch, und er sagte auch meinen Namen, aber er wirkte[16] recht fremd auf mich. Er was so unheimlich[17] groß und so unheimlich dünn.

30 „Mutti ist nicht da … ," waren meine ersten Worte. Aber plötzlich begriff ich, dass da mein Vati vor mir stand, auf den ich so lange gewartet hatte. Ich umarmte[18] ihn stürmisch und zog ihn in das kleine Zimmer. „Schau mal, Vati,
35 ich kann schon schreiben und rechnen[19]!" Mit diesen Worten zeigte ich ihm meine Schulhefte, die noch immer auf dem Schreibtisch lagen. Er nahm mich hoch und drückte[20] mich fest an sich.

40 In diesem Moment riss[21] Mutti die Tür auf. Sie war völlig außer Atem[22] und lachte und weinte und weinte und lachte. Im Milchladen hatte man ihr erzählt, dass in der Drogerie am S-Bahnhof ein Soldat nach einer Familie mit unserem Namen gefragt hatte. Dort lagen auch Listen mit 45 den neuen Adressen der ausquartierten[23] Familien aus. So hatte Vati uns gefunden. Was für ein Glück! Er war erst am 3. Dezember aus dem amerikanischen Kriegsgefangenenlager Heilbronn entlassen worden. Mutti war den ganzen 50 Weg vom Milchladen zurück nach Hause gerannt. Sie war so glücklich. Jetzt waren wir wieder eine richtige Familie!

---

[23] having moved elsewhere

---

[12] *wenn doch bloß* - if only
[13] hesitatingly
[14] suitcase
[15] to comprehend
[16] *wirken* - to seem
[17] strangely
[18] *umarmen* - to hug
[19] to do calculations, math
[20] *drücken* - to press
[21] *aufreißen* - to fling open
[22] *außer Atem* - out of breath

Wie reagiert Renate beim ersten Blick auf ihren Vater?

Was meinen Sie: Wie alt ist Renate in dieser Geschichte ungefähr? Begründen Sie Ihre Antwort.

Warum ist die Mutter außer Atem?

Wie hat die Mutter erfahren, dass der Vater vielleicht zu Hause ist?

Wie läuft die nächste Szene ab? Was sind vielleicht die ersten drei Fragen, die jede Person in der Geschichte stellt?

A. Der neue Alltag

Helga Ansari erzählt weiter über ihre Kindheit nach dem Krieg.

Kippen stechen – Helga Ansari

Nachdem sich das Leben wieder einigermaßen[1] normalisiert hatte, trieb ich mich fast den ganzen Tag über bei den Kasernen[2] der Amerikaner herum[3]. Ich fand heraus, dass man mit den Soldaten,
5 die jetzt die Herren in unserem Land waren, gute Geschäfte machen konnte. Im Nu[4] lernte ich die nötigen Brocken[5] Umgangsenglisch, genug, um ihnen klarzumachen, welche Zahlung[6] ich erwartete, nämlich Chewing Gum, Cigarettes, Chocolate,
10 Coffee, Tea.

Die GIs gaben mir ihre Unterwäsche und Socken zum Waschen und Stopfen[7] mit, dazu auch immer ein Stück duftende Seife. Omi besorgte[8] das Waschen, Bügeln[9] und Stopfen, und ich verhandel-
15 te mit ihnen über neue Zahlungsmodalitäten, je nachdem, was bei den Tauschgeschäften gefragt war oder was wir selbst benötigten[10], Naturalien wie Bohnenkaffee, Dosenkäse, Ei- und Milchpulver[11], Maismehl, Rohzucker.

20 Später sammelte[12] ich Zigarettenkippen[13]. Zuhause polkte[14] ich den Tabak heraus und rollte aus

---

1   more or less
2   barracks
3   *sich herumtreiben* - to hang around
4   *Im Nu* - in no time
5   fragments
6   payment
7   *stopfen* - to darn socks
8   *besorgen* - to take care of
9   *bügeln* - to iron
10   *benötigen* - to need
11   powdered milk
12   *sammeln* - to collect
13   cigarette butts
14   *polken* - to dig, scoop

Zeitungspapier neue Zigaretten, die ich auf dem Schwarzen Markt verhökerte[15]. Von diesem Geld lebten wir.

Manchmal nahm ich meine Schwester auf meine 25 Beutezüge[16] mit. Wir brauchten dringend Heiz- und Kochmaterial. Ich zimmerte[17] mir aus einer Apfelsinenkiste, die mir die Amerikaner geschenkt hatten, und vier alten Kinderwagenrädern einen kleinen Wagen. Damit zogen wir zum Osthafen, 30 wo die Kohlenschiffe gelöscht[18] wurden. War die Ladung auf Züge umgeladen, kletterte ich auf die Waggons, warf Kohle und Briketts herunter, die Sigrid einsammeln musste. Ich zog den Wagen, und meine Schwester schob ihn. Ansonsten suchte 35 ich in den Trümmern nach hölzernen Tür- und Fensterrahmen[19], die ich mit einer Axt zerschlug.

---

15   *verhökern* - to hawk
16   raids
17   *zimmern* - to build, construct
18   *löschen* - here: to unload
19   *Rahmen* - frame

Was haben Helga und ihre Großmutter gemacht, um Geld zu verdienen?

Warum haben die Soldaten nicht mit Bargeld *(money)* bezahlt?

Was haben die GIs vielleicht über Helga gedacht?

Beschreiben Sie die Beutezüge von den Kindern. Wie haben sie Heizmaterial „organisiert"?

B. Entnazifizierung

Kippen stechen – Fortsetzung

Im gesamten Land wurde eine große Entnazifizierung aller Deutschen befohlen, besonders der Behör-
denangestellten. Auch mein Vater musste entnazifi-   40
ziert werden, er wurde zunächst in ein Lager in Hof
an der Saale eingewiesen[1].

Die Militärregierung ließ in jeden Haushalt eine
Broschüre über die Verbrechen[2] der Nazis verteilen[3].
Mutti und Papa waren fassungslos[4], als sie die   45
schrecklichen Fotos aus den Konzentrationslagern
sahen, die Leichenberge[5] mit nackten, total
abgemagerten[6] Juden. Überall wurde getuschelt[7]:
„Haben Sie das gewusst? Wie konnte das passieren?"

Manche bezweifelten[8], dass die Fotos echt seien. Wie   50
konnte es möglich sein, dass hinter dem Rücken
des deutschen Volkes solche Verbrechen begangen[9]
wurden? Namen wie Bergen Belsen, Dachau und
Buchenwald waren plötzlich in aller Munde, voll
Scheu und Abscheu[10] gemurmelt. Ich fragte Mutti   55
und Papa: „Warum hat Hitler das gemacht?"

Sie sagten nur: „Er war wahnsinnig[11]."

---

[1] *einweisen* - to send
[2] crimes
[3] *verteilen* - to distribute
[4] stunned
[5] mountains of corpses
[6] emaciated
[7] *tuscheln* - to whisper
[8] *bezweifeln* - to question, doubt
[9] *ein Verbrechen begehen* - to commit a crime
[10] horror
[11] insane

Was ist mit Helgas Vater passiert?

Was hat die Militärregierung gemacht? Warum?

Beschreiben Sie die Broschüre. Wie haben die Deutschen darauf reagiert?

Warum waren Namen wie Bergen Belsen und Dachau in aller Munde?

Stellen Sie sich vor: Sie hören, dass das Militär Kriegsverbrechen begangen hat. Wie reagieren Sie darauf?

C. Das Brot

Folgende Kurzgeschichte (1946) handelt von einem älteren Ehepaar in der Nachkriegszeit.

Das Brot – Wolfgang Borchert

Plötzlich[1] wachte sie auf[2]. Es war halb drei. Sie überlegte[3], warum sie aufgewacht war. Ach so! In der Küche hatte jemand gegen einen Stuhl gestoßen[4]. Sie horchte[5] nach der Küche. Es war
5 still. Es war zu still, und als sie mit der Hand über das Bett neben sich fuhr, fand sie es leer. Das war es, was es so besonders still gemacht hatte: sein Atem[6] fehlte[7]. Sie stand auf und tappte durch die dunkle Wohnung zur Küche. In der Küche trafen
10 sie sich. Die Uhr war halb drei. Sie sah etwas Weißes am Küchenschrank stehen. Sie machte Licht. Sie standen sich im Hemd gegenüber. Nachts um halb drei. In der Küche.

Auf dem Küchentisch stand der Brotteller. Sie
15 sah, dass er sich Brot abgeschnitten[8] hatte. Das Messer lag noch neben dem Teller. Und auf der

----

1 suddenly
2 *aufwachen* - to wake up
3 *überlegen* - to think, consider
4 *stoßen* - to bump, hit
5 *horchen* - to listen
6 breath
7 *fehlen* - to be missing
8 *abschneiden* - to cut off

Decke[9] lagen Brotkrümel[10]. Wenn sie abends zu Bett gingen, machte sie immer das Tischtuch sauber. Jeden Abend. Aber nun lagen Krümel auf dem Tuch. Und das Messer lag da. Sie fühlte, 20 wie die Kälte der Fliesen[11] langsam an ihr hoch kroch[12]. Und sie sah von dem Teller weg[13].

----

9 tablecloth
10 bread crumbs
11 tiles
12 *kriechen* - to crawl
13 *wegsehen* - to look away

Wann und wo passiert diese Geschichte?

Warum geht die Frau in die Küche?

Was sieht die Frau in der Küche?

Was ist in der Küche passiert?

Warum sieht die Frau vom Teller weg?

Was denkt die Frau vielleicht?

D. Ich dachte, hier wäre was

Das Brot – Fortsetzung

«Ich dachte, hier wäre was», sagte er und sah in der Küche umher[14].

25 «Ich habe auch was gehört», antwortete sie, und dabei fand sie, dass er nachts im Hemd doch schon recht alt aussah. So alt wie er war. Dreiundsechzig. Tagsüber sah er manchmal jünger aus. Sie sieht doch schon alt aus, dachte er, im Hemd sieht sie doch ziemlich alt aus.
30 Aber das liegt vielleicht an den Haaren. Bei den Frauen liegt das nachts immer an den Haaren. Die machen dann auf einmal[15] so alt.

«Du hättest Schuhe anziehen sollen[16]. So barfuß
35 auf den kalten Fliesen. Du erkältest dich noch.»

Sie sah ihn nicht an, weil sie nicht ertragen[17] konnte, dass er log[18]. Dass er log, nachdem sie neununddreißig Jahre verheiratet waren.

«Ich dachte, hier wäre was», sagte er noch einmal
40 und sah wieder so sinnlos von einer Ecke in die andere, «Ich hörte hier was. Da dachte ich, hier wäre was.»

«Ich hab auch was gehört. Aber es war wohl nichts.» Sie stellte den Teller vom Tisch und schnippte die Krümel von der Decke. 45

«Nein, es war wohl nichts», echote er unsicher.

Sie kam ihm zu Hilfe: «Komm man. Das war wohl draußen. Komm man zu Bett. Du erkältest dich noch. Auf den kalten Fliesen.»

Er sah zum Fenster hin. «Ja, das muss wohl 50 draußen gewesen sein. Ich dachte, es wäre hier.»

[14] *umhersehen* - to look around
[15] *auf einmal* - all of a sudden
[16] *Du hättest Schuhe anziehen sollen.* - You should have put shoes on.
[17] *ertragen* - to stand, bear
[18] *lügen* - to lie

Warum sehen der Mann und die Frau alt aus?

Was hat der Mann gelogen?

Warum hat der Mann gelogen?

Was hat die Frau gelogen?

Warum hat sie gelogen?

E. Gute Nacht

Das Brot – Fortsetzung

55 Sie hob die Hand zum Lichtschalter. Ich muss das Licht jetzt ausmachen, sonst muss ich nach dem Teller sehen, dachte sie. Ich darf doch nicht nach dem Teller sehen. «Komm man», sagte sie und machte das Licht aus, «das war wohl draußen. Die Dachrinne[1] schlägt immer bei Wind gegen die Wand. Es war sicher die Dachrinne. Bei Wind 60 klappert[2] sie immer.»

Sie tappten sich beide über den dunklen Korridor zum Schlafzimmer. Ihre nackten Füße platschten auf den Fußboden.

---

[1] gutter
[2] *klappern* - to rattle

«Wind ist ja», meinte er, «Wind war schon die ganze Nacht.» 65

Als sie im Bett lagen, sagte sie: «Ja. Wind war schon die ganze Nacht. Es war wohl die Dachrinne.»

«Ja, ich dachte, es wäre in der Küche. Es war wohl die Dachrinne.» Er sagte das, als ob er 70 schon halb im Schlaf wäre[3].

Aber sie merkte, wie unecht seine Stimme klang, wenn er log. «Es ist kalt», sagte sie und gähnte leise, «Ich krieche unter die Decke. Gute Nacht.» 75

«Nacht», antwortete er und noch: «Ja, kalt ist es schon ganz schön.»

Dann war es still. Nach vielen Minuten hörte sie, dass er leise und vorsichtig[4] kaute[5]. Sie atmete absichtlich[6] tief und gleichmäßig[7], damit er 80 nicht merken sollte, dass sie noch wach war. Aber sein Kauen war so regelmäßig, dass sie davon langsam einschlief.

---

[3] *als ob er schon halb im Schlaf wäre* - as if he were already half-asleep
[4] carefully
[5] *kauen* - to chew
[6] on purpose
[7] regularly

Warum will die Frau den Brotteller nicht sehen?

Woher weiß die Frau, dass ihr Mann lügt?

Warum konfrontiert die Frau ihren Mann nicht?

Was denken Sie: Liebt sich das Ehepaar noch? Warum oder warum nicht?

F. Iss du eine mehr

Das Brot – Fortsetzung

85 Als er am nächsten Abend nach Hause kam, schob[8] sie ihm vier Scheiben Brot hin. Sonst hatte er immer nur drei essen können.

«Du kannst ruhig vier essen[9]», sagte sie und ging von der Lampe weg. «Ich kann dieses Brot nicht so recht vertragen[10]. Iss du man eine mehr.
90 Ich vertrage es nicht so gut.»

Sie sah, wie er sich tief über den Teller beugte[11]. Er sah nicht auf. In diesem Augenblick tat er ihr leid[12].

«Du kannst doch nicht nur zwei Scheiben
95 essen», sagte er auf seinen Teller.

«Doch. Abends vertrag ich das Brot nicht gut. Iss man. Iss man.»

Erst nach einer Weile setzte sie sich unter die Lampe an den Tisch.

8 *schieben* - to push
9 *Du kannst ruhig vier essen.* - You can go ahead and eat four.
10 *vertragen* - to bear, tolerate
11 *sich beugen* - to bend over
12 *tat er ihr leid* - she felt sorry for him

Warum gibt die Frau ihrem Mann vier Scheiben Brot statt drei?

Lügt die Frau hier auch? Warum oder warum nicht?

Hat die Frau richtig gehandelt?

G. Eine schwere Zeit

Schreiben Sie über eine schwere Zeit, die Sie durchgemacht haben.

Vor ZAHL Jahren habe ich eine schwere Zeit durchgemacht.
Der Grund war, dass …
Ich wusste nicht, was/wie ich…
Deshalb habe ich …
Meine Freunde haben mir gesagt, dass …
Ich hatte Angst, weil …
Besonders wichtig war für mich, dass …
Ein weiteres Problem war, dass …
Es hat mir geholfen, dass …
Ich habe dadurch gelernt, dass …
Heute denke ich …

A. Vorteile und Nachteile

Lesen Sie die Texte und schreiben Sie die positiven und negativen Aspekte des DDR-Alltags in den Kasten.

Frau Köhrmann: Wir haben das Leben in der DDR als normal empfunden¹. Was nicht normal war, dass wir nicht reisen konnten. Wir haben unsere Arbeit gemacht, morgens Zeitung gelesen, sind zur Schule gegangen.

Stephanie: In der DDR hat man eine Schlange² gesehen, und man hat sich hinten angestellt, obwohl man nicht wusste, was es gab, weil man dachte, es gibt irgendwas, was es sonst nicht gibt, und wenn ich es nicht brauche, kann ich es irgendwie tauschen³. Ansonsten war es sehr billig, das Einkaufen. Es gab nicht so viel Auswahl⁴, aber die Grundnahrungsmittel gab es.

Romy: Arbeitslosigkeit gab es ja da praktisch nicht, weil man sofort wieder Arbeit irgendwo anders bekommen hat.

Diana: Ich fand den Umweltschutz⁵ positiv. Alle Verpackungen in der DDR waren „recyclebar". Also, Joghurt gab es nur in Flaschen, es gab keine Dosen, es gab auch Obst und Gemüse nur in Gläsern, und es gab auch keine Plastiktüten, sondern nur Mehrwegbeutel⁶ aus Stoff oder aus Papier.

Sandra: Die medizinische Versorgung war einfacher und billiger. War man krank, so ging man zum Arzt und bekam seine Medizin – ganz einfach!

Diana: Meine Eltern hatten immer Arbeit, und ich wusste, dass ich später auch einen Beruf machen könnte, der mir gefällt und bei dem ich einen Job bekomme. Außerdem musste man sich keine Sorgen machen, dass man die Miete nicht bezahlen konnte, oder dass man sich etwas nicht kaufen konnte.

Romy: Ganz prägnant war, dass alles relativ grau in grau war. Man hat die Häuser nicht weiß, grün, rot, blau gestrichen, sondern das war alles immer so eine Einheitsgraufarbe.

Sandra: Leider konnte man nicht reisen, wir waren eingesperrt⁷ in der DDR. Wenn man reisen durfte, so nur in das kommunistische Ausland. Mein Vater hat einen Bruder in Hessen, den er 29 Jahre lang nicht sehen durfte! Auch mussten wir bis 17 Jahre auf ein Auto warten.

Kristin: Das sozialistische System war sehr komplex. Die Menschen waren rundum gesichert, sei es Rente, Krankengelder usw. Außerdem war für jedes Kind ein Kinderkrippen- oder Kindergartenplatz gesichert, zu minimalen Kosten. Das konnte sich jeder leisten.

---

¹ *empfinden* - to perceive, find
² line; snake
³ *tauschen* - to exchange, barter
⁴ selection
⁵ environmental protection
⁶ recyclable bags

---

⁷ *einsperren* - to lock up

positiv   negativ

B. Was meinen Sie?

1. Was haben Sie vorher mit der DDR assoziiert?
   Was ist für Sie neu?

   Ich habe vorher mit der DDR … assoziiert.

   Diese Assoziationen kommen wahrscheinlich
   aus … Filmen/Fernsehen/den Nachrichten.

   Ich habe gedacht, dass das Leben/die Leute/die
   Regierung in der DDR …

   In diesen Texten habe ich aber gesehen, dass …

2. Welche Aspekte von dem Leben in der DDR finden
   Sie am positivsten? Welche am negativsten?

   Ich finde es am positivsten/negativsten, dass
   man in der DDR …

   Ein großer Vorteil/Nachteil war, dass …

C. Immer hilfsbereit

Lesen Sie die Texte. Was war für welches Land typisch? Kreuzen Sie bitte die passenden Antworten auf der nächsten Seite an.

Stephanie: Vom Staat war alles vorge-geben[1]. Diese ganze Selbstverwirkli-chung[2], das fällt mir hier immer auf. Ich muss mich selber verwirklichen, ich muss etwas werden, ich muss das machen, was ich machen möchte. Das gab es in der DDR nicht. Dieses Denken gab es dort nicht immer, sondern man hat oft eine Ausbildung vom Staat be-kommen. Das war nicht das, was man wollte, aber man hat was bekommen. Man hatte eine Sicherheit, aber man hatte nicht die Möglichkeit[3], sich zu entfalten[4].

---

[1]   determined
[2]   self-actualization
[3]   opportunity
[4]   *sich entfalten* - to discover oneself

Romy: Es wurde hin und her getauscht[5], und da wurde kein großes Geschäft gemacht, ob das eine teurer als das andere war. Es wurde gesagt, eine Hand wäscht die andere[6]. Wenn er mir hilft, dann kommt irgendwann der Tag, da werde ich jemandem helfen, und damit wird sich der Kreis[7] irgendwann immer wieder schließen. Es war nicht so eine Ellenbogengesellschaft, wie ich es im Westen teilweise verspüre[8].

Kristin: Das ganze Zusammenleben war viel intensiver, egal ob in der Schule oder Arbeit. Da arbeitete man noch im Kollektiv zusammen und unterstützte[9] sich gegenseitig. Heute ist meist jeder auf seinen eigenen Vorteil bedacht[10].

Diana: Positiv fand ich die Zusammen-haltsmentalität bei vielen Leuten. Die Nachbarn haben oft zusammen gefeiert oder sich geholfen. Jetzt sind viele Leute sehr auf ihre individuellen Interessen bedacht.

Christina: Es war bei uns eine größere Hilfsbereitschaft, weil man sich brauchte, weil man zum Beispiel Sachen nur durch Freundschaften erwerben konnte. Es war einfach freundlicher bei uns.

Stephanie: Die Leute haben besser zusammengehalten[11], weil man wenig hatte und viel improvisieren musste. Deswegen hat man zusammengehalten. Dieses Individualistische fiel weg. Hier ist man so auf Individuum bezogen[12]. Dort war man aufs Kollektiv bezogen.

---

[5]   *tauschen* - to trade, barter
[6]   *Eine Hand wäscht die andere* - You scratch my back and I'll scratch yours
[7]   circle
[8]   *verspüren* - to sense
[9]   *unterstützen* - to support
[10]   *bedacht sein* - to be concerned with
[11]   *zusammenhalten* - to stick together
[12]   *auf etw. bezogen sein* - to be focused on

▶▶

	in der DDR	in der BRD	in beiden Ländern
1. Ausbildung	☐	☐	☐
2. im Kollektiv arbeiten	☐	☐	☐
3. tauschen	☐	☐	☐
4. Ellenbogengesellschaft	☐	☐	☐
5. Hilfsbereitschaft	☐	☐	☐
6. auf Individuum bezogen	☐	☐	☐
7. Selbstverwirklichung	☐	☐	☐
8. Zusammenhalt	☐	☐	☐
9. Sicherheit	☐	☐	☐
10. improvisieren	☐	☐	☐

D. Wie sagt man das?

Übersetzen Sie diese Sätze. Verwenden Sie dabei Vokabeln aus den vorigen Texten.

1. *People in America are mostly concerned about the individual.*

2. *In America the opportunity to discover yourself is more important than security or a secure job* (eine sichere Stelle).

3. *In the USA one senses an "elbow society".*

4. *When you can only get things through friendships, people are friendlier.*

E. Was meinst du dazu?

Besprechen Sie in einer Arbeitsgruppe die Aussagen in Abschnitt D.

Wie reagiert ihr auf die erste/zweite/dritte/vierte Aussage?
Das stimmt/stimmt nicht.
Das hat Vorteile/Nachteile.
Zum Beispiel …

F. Junge Pioniere und FDJ

Junge Pioniere und Freie Deutsche Jugend waren die staatlichen Jugendgruppen der DDR. Vergleichen Sie unten die Jugendgruppen aus Ihrer Kindheit mit diesen aus den Texten.

Kristin: Von der 1. bis zur 4. Klasse gehörte man zu den „Jungpionieren". Man trug zu bestimmten Anlässen, Pioniernachmittagen und zum Fahnenappell eine Pionierbluse und ein blaues Halstuch. In der 5. Klasse wurde man dann „Thälmannpionier" und trug anstelle des blauen Halstuches ein rotes. Ab der 8. Klasse gehörte man dann zur FDJ und man trug ein blaues Hemd.

Zur typischen Begrüßung auf diesen Anlässen, „Für Frieden und Sozialismus seid bereit", antworteten wir dann „Immer bereit!" Die FDJ-ler hatten auf „Freundschaft" immer mit „Freundschaft" zu antworten.

Stephanie: Ich fand das immer ganz toll. Am Lagerfeuer zu sitzen, Lieder zu singen. Marschieren fand ich nicht so gut. Aber ich fand das an sich schön. Jeder hat es gemacht, deswegen habe ich es auch gemacht.

Ich kann mich noch erinnern, dass wir Pioniere uns schon immer darauf freuten, auch „Freundschaft" zu rufen und das blaue Hemd zu tragen. Aber ich bin nie FDJ-lerin geworden, da dann die Wende kam.

	FDJ	die Jugendgruppe, die Sie kennen
Uniform		
Begrüßung		
Aktivitäten		

G. Immer bereit!

Die Gesetze der Thälmannpioniere

1. Wir Thälmannpioniere lieben unser sozialistisches Vaterland, die Deutsche Demokratische Republik.

2. Wir Thälmannpioniere tragen mit Stolz unser rotes Halstuch und halten es in Ehren[1].

3. Wir Thälmannpioniere lieben und achten[2] unsere Eltern.

4. Wir Thälmannpioniere lieben und schützen den Frieden[3] und hassen die Kriegstreiber[4].

5. Wir Thälmannpioniere sind Freunde der Sowjetunion und aller sozialistischen Brudervölker und halten Freundschaft mit allen Kindern der Welt.

6. Wir Thälmannpioniere lernen fleißig, sind ordentlich und diszipliniert.

7. Wir Thälmannpioniere lieben die Arbeit, achten jede Arbeit und alle arbeitenden Menschen.

8. Wir Thälmannpioniere lieben die Wahrheit, sind zuverlässig und einander Freund.

9. Wir Thälmannpioniere machen uns mit der Technik vertraut[5], erforschen die Naturgesetze und lernen die Schätze[6] der Kultur kennen.

10. Wir Thälmannpioniere halten unseren Körper sauber und gesund, treiben regelmäßig Sport und sind fröhlich.

11. Wir Thälmannpioniere bereiten uns darauf vor[7], gute Mitglieder der Freien Deutschen Jugend zu werden.

---

[1] *halten es in Ehren* – hold it in honor
[2] *achten* - to respect
[3] *schützen den Frieden* - protect peace
[4] warmongers
[5] *machen uns vertraut* - become well acquainted
[6] treasures
[7] *bereiten uns darauf vor* – prepare ourselves for

1. Unterstreichen Sie die Werte, die die Gesetze der Thälmannpioniere vermitteln.

2. Markieren Sie neben jeden Absatz, welche Werte Sie gut oder nicht gut finden.

H. Propaganda oder Erziehung

Wählen Sie eins von diesen Themen und schreiben Sie Ihre Meinung dazu.

1. Der Staat (durch Schulen, Jugendgruppen und Gesetze) trägt die Verantwortung für die moralische Erziehung der Kinder.

2. Der Staat ist für die moralische Erziehung der Kinder nicht verantwortlich.

A. 9.11.1989

Johannes: Die Wende habe ich erlebt, als ich kurz nach dem Ende meines Studiums Deutschlehrer in der Nähe von Bonn war. Es begann ja damit, dass die Führung der DDR den Bewohnern der DDR erlaubt hat oder zugesagt hat, aus dem Land ausreisen zu dürfen, wenn sie das wollen. Und niemand konnte es richtig glauben und bis heute ist nicht ganz klar, ob es wirklich so gemeint war. Auf einmal ruft jemand an und sagt, die Leute stehen auf der Mauer, sie machen die Mauer kaputt. Wir sind zum Fernseher gegangen und haben uns das angeschaut und konnten es nicht glauben, dass Leute auf der Mauer in Berlin stehen, dass sich Leute aus Ostberlin und aus Westberlin die Hand gegeben haben über die Mauer hinweg. Es war ein sehr bewegender Moment, den ich auch sehr gut in Erinnerung habe.

War Johannes in der DDR oder der BRD, als er vom Mauerfall und der Grenzöffnung gehört hat? Warum glauben Sie das? Was war seine Reaktion?

Diana: Ich saß vor dem Fernseher mit meinen Eltern. Meine Eltern waren sehr schockiert, denn mein Vater war Offizier, Oberleutnant bei der Armee. Und mit der Grenzöffnung war seine Karriere vorbei. Die gesamte Lebensgrundlage hat sich dann sozusagen in Luft aufgelöst[1]. Von einem Tag auf den anderen wusste mein Vater, dass er seinen Job verliert und dass er vielleicht etwas Neues lernen muss und ganz von vorne anfangen muss. Und er war schon eigentlich zu alt, um ganz von vorn anzufangen. Und ähnlich ging es meiner Mutter. Deshalb war ich auch nicht besonders glücklich darüber.

War Diana in der DDR oder der BRD, als sie vom Mauerfall und der Grenzöffnung gehört hat? Warum glauben Sie das? Was war ihre Reaktion?

---

[1] *in Luft aufgelöst* – evaporated into thin air

B. An der Grenze

Theo nennt die Grenzöffnung ein Schauspiel. Wer waren die Schauspieler? Was war die Bühne?
Füllen Sie die Felder unten aus.

Theo: Da kann ich mich noch ziemlich genau daran erinnern. Ich saß am Schreibtisch und hörte die Nachrichten und war etwas ungläubig[1]. Da Göttingen relativ nahe zur Grenze war, dauerte es zwei – drei Stunden, dann kam der erste Trabi vor meinem Fenster vorbeigefahren. Und ich rannte natürlich sofort ans Fenster, das war nachts um elf, um das Schauspiel zu sehen. Der Trabi hatte einen ganz bestimmten Klang[2], ähnlich wie die Zweitakter[3] bei Motorrädern oder bei Motorrollern. Das war nicht zu verwechseln mit[4] anderen.

Am nächsten Tag bin ich direkt an die Grenze gefahren, zu den Stellen, an denen es auch damals schon möglich war, über die Grenze zu fahren. Es war eine Riesenschlange vonseiten Westdeutschlands. Alle wollten dieses Schauspiel da anschauen. Und es war ein ziemlich erhebendes Gefühl, als ob wirklich eine neue Zeit angebrochen wäre[5].

---

[1] unbelieving
[2] sound
[3] 2-stroke engine
[4] *verwechseln mit* - to mistake for something else
[5] *als ob eine neue Zeit angebrochen wäre* - as if a new age had dawned

Schauspieler

Bühne

Requisiten[1]

Geräusche[2]

---

[1] props
[2] sounds

C. Inzwischen – Kinderperspektiven

Kinder aus der DDR schreiben über ihre Erfahrungen nach der Wende.

Pierre: Wir haben uns alle gefreut, dass endlich die Grenzen offen sind und auch wir Kinder in den Westen dürfen. Zum Anfang war es wie ein Traum.

Inzwischen[1] ist der schöne Traum gar nicht mehr so schön, denn es sind auch völlig neue Sorgen[2] da, von denen wir vorher nichts ahnten[3]. Und die vielen schönen Sachen aus dem „Westen" locken, wie früher in der Werbung[4]. Nur können wir vieles, was wir gern hätten, nicht kaufen. Die Eltern sprechen fast täglich über Geld, dass es nicht reicht[5]. Und laufend[6] sprechen sie über Arbeitslosigkeit.

[1] since then
[2] worries
[3] *ahnen* - to suspect
[4] advertising
[5] *reichen* - to be enough
[6] continuously

Francis: Ich freue mich, dass es jetzt Bananen und andere Früchte gibt. Die Schokolade ist auch nicht mehr so teuer. Aber leider reicht mein Taschengeld nicht für alles. Früher habe ich Flaschen, Gläser und Altpapier zum Altstoffhändler gebracht und mir noch etwas verdient. Leider gibt es das nicht mehr.

Bianca: Im Winter 1989, als die Grenzen geöffnet wurden, freute ich mich sehr. Endlich bekam man all die schönen Sachen zu kaufen, die man bisher nur aus der Werbung kannte. Von dem Begrüßungsgeld[7] konnte ich mir einen tollen Schulrucksack und andere schöne Dinge kaufen. Wir waren alle sehr froh darüber, unsere Verwandten besuchen zu können. Als im Sommer die Währungsunion[8] war, kauften wir uns einen „Toyota" und machten eine Reise quer durch Deutschland. Ich fand das ganz toll.

Aber im Herbst [1990], als sich BRD und DDR vereinigten, veränderte sich doch einiges. Mein Papa wurde Kurzarbeiter. Die Steuern[9], die Miete, die Wasser- und Gaskosten stiegen. Aber die Gehälter[10] wurden nicht erhöht. Meine Mutti wurde umgeschult[11] und musste deshalb ein paar Wochen lang jeden Donnerstag, Freitag und Samstag nach Suhl fahren. Es hat zwar nicht sehr lange gedauert, aber zu Hause ging es etwas drunter und drüber ohne Mutti. Papa war inzwischen auf Null-Stunden gestellt und somit zu Hause.

[7]   money given to DDR citizens
[8]   monetary union
[9]   taxes
[10] salaries
[11] *umschulen* - to retrain

Was war für diese Kinder an der Vereinigung positiv und was war negativ?

positiv   negativ

Wie haben diese Kinder auf die Wende reagiert? Wie war ihr Leben in den folgenden zwei Jahren?

D. Neue Einsichten

Was haben Sie neu über die Wende gelernt? Wie haben diese Texte Ihrer Vorstellung von der Wende widersprochen oder sie bestätigt? Geben Sie drei konkrete Beispiele.

Ich finde es interessant, dass ...

Das habe ich vorher nicht gewusst.

Ich habe vorher gedacht, dass ...

Der Text von ... hat dieser Idee widersprochen/diese
   Idee bestätigt.

E. Untergang

Christine beschreibt ihre Erinnerungen aus drei Jahrzehnten. Wie charakterisiert sie die 60er, 70er und 80er Jahre in der DDR?

Christine: Und dann auf einmal wurde diese Mauer gebaut und alles, alle sagten dann, das ist eigentlich der antifaschistische Schutzwall[1] und das musste man machen, damit hier nicht alle Leute weglaufen, die wir in der DDR ausgebildet haben. Das wurde uns alles in der Schule dann sehr plausibel erklärt, wie gut das ist, und wie richtig das ist. Da kann ich mich gut daran erinnern.

Bis neunzehnhundertsiebzig ging es in der DDR eigentlich immer jedes Jahr aufwärts[2]. Es gab mehr Sachen zu kaufen, und die Sachen waren billiger. Nach neunzehnhundertsiebzig fing dann ungefähr die Zeit an, wo es schlechter wurde, und wo dann die Propaganda auch immer mehr wurde, da wir nur die Sender von der DDR gucken durften und auf jedem Radio nichts anderes hören durften. Anderes vom Westen haben wir nur heimlich[3] gehört.

In den achtziger Jahren wurde wirklich alles Mögliche knapp[4], und immer mehr Leute haben bei Horch und Guck[5] gearbeitet. Dann habe ich es erst so richtig mitgekriegt[6], dass alles eigentlich nicht stimmt, dass die Wirklichkeit und der Anspruch[7] sehr weit auseinander gehen.

[1] wall of protection
[2] upwards
[3] secretly
[4] scarce
[5] ,Horch und Guck' war der Name für die *Staatssicherheit* - "Listen and watch".
[6] *mitkriegen* - to find out, hear
[7] claim(s)

60er Jahre	70er Jahre	80er Jahre

F. DDR-Geschichte

Suchen Sie im Internet nach Details zu einem Datum oder Ereignis.

7. Oktober 1949	Gründung der DDR
17. Juni 1953	Volksaufstand[1] in Ost-Berlin und der DDR
13. August 1961	Bau der Mauer in Berlin und Schließung der Grenze
3. Mai 1971	Erich Honecker wird Erster Sekretär des Zentralkomitees der SED.
2. Mai 1989	Ungarn beginnt mit dem Abbau der Grenzanlagen[2] zu Österreich.
August 1989	Hunderte von DDR-Bürgern flüchten in die bundesdeutschen Vertretungen[3] in Ost-Berlin, Budapest und Prag.
4. September 1989	In Leipzig demonstrieren mehrere Hunderte Menschen.
11. September 1989	Flüchtlingswelle[4] aus Ungarn nach Bayern
25. September 1989	Etwa 6000 Menschen in Leipzig fordern Reise-, Meinungs- und Versammlungsfreiheit[5].
30. September 1989	Rund 5500 DDR-Bürger aus Prag und etwa 800 aus der Botschaft[6] in Warschau fahren in DDR-Sonderzügen über die DDR in die Bundesrepublik.
9. Oktober 1989	In Leipzig gehen 70 000 Menschen auf die Straße: „Wir sind das Volk!"
4. November 1989	Mehr als eine Million DDR-Bürger demonstrieren in Ost-Berlin.
9. November 1989	Die Mauer ist offen (9.11)

---

[1] people's revolt
[2] border installations
[3] agencies
[4] wave of refugees
[5] freedom to congregate
[6] embassy

Am 4. September 1989 ist/hat …

In Ungarn hat man …

Es hat dazu geführt, dass …

Viele Leute sind/haben …

Die Stimmung war (sehr) ADJEKTIV

A. Grenzgänger

Martin (aus Ostdeutschland) und Nele (aus Westdeutschland) haben sich über ein Austauschprogramm im Dezember 1989 kennengelernt. Im Sommer 1994 treffen sie sich wieder. Sie sind jetzt 16 Jahre alt. Welche Stereotypen oder Vorurteile hat jede Person von der BRD und der DDR?

Grenzgänger – Herbert Günther

„Habt ihr eure Lehrerin noch?", fragt Nele.

Sein Gesicht zieht sich zusammen, als hätte sie keine dümmere Frage stellen können[1].

„Abgewickelt[2]", sagt er schroff[3]. „Schon lange. Sie trägt jetzt Zeitungen aus."   5

„Warum denn das?"

„Du stellst vielleicht Fragen", sagt er bitter. „Warum? Weil sie in der Partei war. Weil sie an was geglaubt hat. Weil sie sich nicht verstellen[4] kann. Weil ihr jetzt das Sagen habt[5]. Weil ihr auf 10 uns rumtrampelt. Weil alles nur noch nach dem Geld geht. Reicht das?"

Nele antwortet nicht. Sie muss an die rotwangige[6] Lehrerin denken, wie sie sich vergeblich[7] bemüht hat zu erklären, was bei ihnen anders war. 15 Niemand wollte sie hören.

„Damals hat sie noch gedacht, es würde alles besser", sagt der Junge weiter. „Die DDR würde bleiben, nur demokratisch. Ein Jahr später haben sie sie vor die Tür gesetzt. Egal, ob sie eine gute 20 Lehrerin war oder nicht."

„Aber irgendwer muss das doch gemacht haben", sagt Nele.

„Was?", fragt der Junge.

„Dass sie euch eingesperrt[8] haben", sagt Nele. 25 „Dass sie euch bespitzelt[9] haben. Dass sie an der Grenze Menschen totgeschossen haben. Dass man nicht alles sagen konnte. Dass alles zusammengefallen ist. Irgendwer muss doch dafür verantwortlich sein." 30

---

[1]   *als hätte sie keine dümmere Frage stellen können* – as if she couldn't have asked a more stupid question
[2]   *abgewickelt* – forced to retire
[3]   gruffly
[4]   *sich verstellen* - to act
[5]   *das Sagen haben* – to have the ‚say', i.e., to make the rules
[6]   red-cheeked
[7]   in vain
[8]   *einsperren* - to lock in
[9]   *bespitzeln* - to spy on

Drücken Sie die Vorurteile oder Vorwürfe jeder Figur direkt aus.

Martin denkt:

Nele denkt:

B. Aus der anderen Perspektive

1. Arbeiten Sie mit einem Nachbarn/ einer Nachbarin und vergleichen Sie die Einstellungen von Martin und Nele zu der Lehrerin und ihrem Schicksal.

2. Wie reagieren Sie darauf? Ist es fair, dass viele ostdeutsche Lehrer ihre Stellen verloren haben?

C. Eine Familie

Es gibt manchmal innerhalb von Familien heftige Debatten darüber, ob die Wende gut ist oder nicht. Was denken die älteren Generationen in Stephanies Familie?

Stephanie: Ich bin im November 1998 zum Geburtstag nach Hause gefahren. Dort saßen dann drei Generationen am Tisch. Da waren meine Großeltern, meine Eltern mit Tante, Onkel und meine Schwester und ich. Die haben nun gesagt, dass sie die DDR viel schöner 5 fanden, dass alles viel besser war. Jetzt interessiert die Leute nur noch das Geld. Jeder denkt an sich. Und die Wessies sind arrogante Arschlöcher. Die behandeln[1] einen von oben herab[2]. Ich habe dann gesagt, man braucht Freiheit. Wir hatten keine Freiheit. Das mag 10 stimmen, haben mir alle gesagt, aber man hat jetzt auch keine Freiheit. Jetzt ist die Freiheit des Geldes, und wer kein Geld hat, hat hier keine Freiheit.

---

[1] *behandeln* - to treat
[2] *von oben herab* - looking down on

Welche Vorwürfe macht die ältere Generation gegen die Wessies und das Leben nach der Wende?

Die alte Generation wirft mir vor, weil ich im Westen wohne und einen westdeutschen Freund habe, 15 „verwessiet" zu sein. Also, ich bin jetzt auch arrogant geworden, meinen sie. Ich behandle meine Eltern, als ob sie so klein wären. Und das stimmt einfach nicht. Sie können nur nicht mit diesem neuen Selbstbewusstsein[3] oder mit dieser kosmopolitischen 20 Lebenseinstellung[4] umgehen.

Mein Onkel, der hat selber jetzt eine eigene Firma und fährt einen Mercedes. Ich habe ihm gesagt, wenn ihm das alles so lieber war, wenn er die Mauer wieder haben will, dann soll er seine Firma verkaufen und 25 soll sich einen Trabi kaufen. Weil er kann nicht mit westdeutschen Statussymbolen rumfahren und selber sich die DDR zurückwünschen[5].

---

[3] self-confidence
[4] attitude towards life
[5] *sich zurückwünschen* - to wish to have back

Was wirft die alte Generation Stephanie vor?

Was wirft Stephanie ihrem Onkel vor?

▶▶

Mein Opa ist Lehrer, und ich werde auch Lehrerin. Er meinte, früher in der Schule wäre alles besser gewe-sen[6]. Wir haben eine ganz unterschiedliche Auffas-sung[7] von Pädagogik. Er meinte Disziplin und Autori-tät. Ich sage eher antiautoritär.

Ich habe gesagt, Kommunismus funktioniert nicht. Mein Onkel hat gesagt, dass es funktionierenden Kommunismus gibt. Und zwar in China. Da hab ich gesagt, dass in China aber, wenn man protestiert, wird man vom Panzer überrollt[8]. Und da meint mein Onkel: „Richtig so. Wer protestiert, der weiß, was ihn erwartet[9]." Und dann habe ich auch gesagt, dass man in der DDR an der Mauer erschossen[10] wurde, nur weil man in ein anderes Land wollte. Und daraufhin meinte mein Onkel auch: „Richtig so. Man wusste ja, was passiert." Also, das war heftig[11]. Zum Schluss habe ich ganz viel Schnaps getrunken, und mein Opa und mein Onkel haben Herztropfen[12] genommen; meine Schwester hat geweint.

[6] *alles wäre besser gewesen* - everything was better
[7] interpretation
[8] *vom Panzer überrollt werden* - to be run over by a tank
[9] *erwarten* - to await, expect
[10] *erschießen* - to shoot (dead)
[11] intense
[12] heart drops (medication)

Was war gut und schlecht an dem alten System? Ergänzen Sie diese Sätze.

Der Großvater: Das alte System war gut, weil …

Der Onkel: Das alte System war gut, weil …

Stephanie: Das alte System war schlecht, weil ….

Wie endet das Gespräch?

Was meinen Sie: Warum hängen die älteren Generationen in Stephanies Familie an dem alten System?

Haben Sie auch solche heißen Diskussionen in Ihrer Familie? Wenn ja, über welche Themen? Wenn nicht, warum nicht?

A. Typisch deutsch?

Zwei Deutsche antworten auf die Frage: „Sind Sie typisch deutsch?"

Rene: Ich glaube, im Ausland sagt man, dass Deutsche unheimlich[1] pünktlich sind und immer arbeiten und über Probleme reden. Und ich? Ja, ich glaube, ich bin einigermaßen[2] pünktlich und ich arbeite auch viel und ich rede auch über Probleme. Also, wenn das typisch deutsch ist, dann bin ich typisch deutsch. Aber ich habe auch Spaß und arbeite auch mal nicht. Es ist überhaupt[3] schwierig zu sagen, was typisch deutsch ist. Da gibt's wahrscheinlich auch Unterschiede zwischen Norddeutschen und Süddeutschen. Ich jetzt als Norddeutscher würde sagen, ich rede eigentlich[4] selten viel, also ich höre mehr zu. Und ich glaube, das ist eine typisch norddeutsche Eigenschaft[5].

[1]   incredibly
[2]   to some extent
[3]   generally
[4]   actually
[5]   characteristic

Diana: Ich bin ein Perfektionist. Es muss immer alles hundertprozentig so laufen wie es geplant ist. Das ist vielleicht typisch deutsch. Ich lege auch sehr viel Wert auf Leistung[6] und definiere viel in meinem Selbstbewusstsein[7] über Leistung. Das ist vielleicht auch typisch deutsch. Und ich würde sagen, ich lebe mehr für die Arbeit als ich durch die Arbeit lebe. Das ist auch so ein Spruch, den man sagt: Die Deutschen leben um zu arbeiten, und andere Völker arbeiten um zu leben. Und ich glaube, das trifft noch ein bisschen auf mich zu.

[6]   accomplishment
[7]   self-awareness

Was ist für Rene und Diana typisch deutsch?

Vergleichen Sie sich mit Rene und Diana. Inwiefern sind Sie ähnlich? Inwiefern sind Sie anders?

Im Vergleich zu … bin ich …

Ich bin Rene ähnlich, weil ich auch …

Ich bin ganz anders als Diana, weil ich …

B. Wie sagt man das?

Übersetzen Sie diese Sätze. Verwenden Sie dabei Vokabeln aus den vorigen Texten.

1. It's really difficult to say …

2. There are probably also differences.

3. a typical American characteristic

4. I place a lot of value on accomplishments.

5. That applies to me.

C. Was ist typisch?

Wie sind die typischen Leute in Ihrer Heimat?

Der typische Kalifornier ist …

In Texas sind die Leute …

Viele glauben, in Georgia sind wir … , aber das stimmt nicht.

Ich würde sagen, die Leute in … sind …

D. Prominente Deutsche

Lesen Sie, wie drei prominente Deutsche auf die folgenden Fragen geantwortet haben.

	Claudia Schiffer, Topmodel:	Gloria von Thurn und Taxis, Unternehmerin	Wolfgang Menge, Film- / Fernsehautor
1. Was ist an Ihnen typisch deutsch?	Pflichtbewusstsein[1] und Zuverlässigkeit, verbunden mit einer Neigung[2] zu romantischen Vorstellungen.	Lokalpatriotismus! Ich bin mehr Regensburgerin/ Bayerin als Bundesdeutsche.	Vornahme, Nachname, Geburtsort, Wohnort.
2. Was ist Ihr Lieblingsplatz in Deutschland?	Mallorca[3] – nein, im Ernst: das Haus meiner Eltern.	Unser Schloss in Regensburg.	Ein gut gedeckter Frühstückstisch.
3. Welche deutschen Wahrzeichen[4] kennen Sie?	Den Deutschen Bundesadler[5], auch wenn seine Flügel[6] manchmal müde sind.	Regensburger Dom, Steinerne Brücke in Regensburg und natürlich die Walhalla[7]	Wartburg, Trabi[8].
4. Holland steht für Tulpen und Käse, wofür steht Deutschland?	Für Berge und Schlösser und schöne Frauen.	Literatur-Laptop-Lederhosen-Lieder-Landschaft-Loriot[9].	Sauerbraten und Sozialhilfe.
5. Bei welcher Gelegenheit sind Sie stolz, Deutsche(r) zu sein?	Immer—außer wenn die deutsche Presse wilde Gerüchte[10] über mich verbreitet.	Als ich das letzte Mal in der Carnegie Hall in New York Johannes Brahms und Ludwig van Beethoven von Evgeny Kissin[11] gehört habe.	Wann immer jemand daran erinnert, dass Hitler Österreicher war.
6. Mit welchem Slogan würden Sie für Deutschland Werbung[12] machen?	Deutschland? Find' ich gut.	Vorsprung[13] durch Technik.	Zentrale Lage—gute Verkehrsanbindung[14].
7. Was vermissen Sie im Ausland am meisten?	Vollkornbrot[15].	Die Vielfältigkeit[16] des kulturellen Angebots und die Infrastruktur.	Aldi[17].

[1] sense of duty
[2] tendency
[3] Spanish island known for its many German tourists
[4] symbols
[5] federal eagle
[6] wings
[7] monument near Regensburg
[8] *Wartburg, Trabi* - East German cars
[9] *Loriot* - German comedian
[10] rumors
[11] famous pianist
[12] advertisement
[13] advantage, head start
[14] transportation connection
[15] heavy whole grain bread
[16] variety
[17] inexpensive German supermarket

Wer hat den besten Sinn für Humor?

Wer von diesen Leuten ist für Sie am interessantesten? Warum?

Woran merkt man, dass Gloria von Thurn und Taxis eine Adlige* ist?   * member of nobility

Sie müssen drei Prominente aus Ihrer Heimatkultur auswählen und ein Interview zum Thema „Was ist typisch …?" mit ihnen machen. Wen wählen Sie und warum?

E. Wer hat's gesagt?

For the three questions below, guess who gave each answer and write their initial next to it:
S (Schiffer), T (von Turn und Taxis) or M (Menge).

1. Was wünschen Sie sich für Deutschland?	2. Woran erkennen Sie Deutsche im Ausland?	3. Welches deutsches Sprichwort hat Sie geprägt?
Weniger Glatzköpfe.[1]	An der Kleidung.	Eig'ner Herd ist Goldes wert.
Arbeit für alle und mehr Sonne.	Am liebsten gar nicht.	Ohne Fleiß kein Preis.
Dass es mehr wie Bayern ist.	An der Art, wie sie ihr Deutschsein verstecken[2].	Spare in der Zeit, dann hast du in der Not.

[1] bald heads (here: skinheads)

[2] *verstecken* - to hide

F. Wofür steht Deutschland?

„Wenn Holland für Tulpen und Käse steht, wofür steht Deutschland?" Fassen Sie die Aussagen in den Kasten zusammen.

Theo: Ganz spontan natürlich für Bier und Sauerkraut. Aber ich glaube, wir haben noch ein bisschen mehr zu bieten[1]. Wir haben trotz Krieg und trotz Zerstörung[2] tolle Fachwerkhäuser[3] und andere alte Baustile. Wenn man will, kann man das unter dem Schlagwort des Romantizismus verbuchen,[4] sozusagen ein bisschen das Hängen[5] an den alten Lebensweisen, die gemütlicher und nicht so strikt auf beruflichen oder sonstigen Erfolg getrimmt[6] waren. Das lässt sich in Deutschland nach wie vor[7] finden, außer eben Bier, Bratwurst und Sauerkraut.

Isabelle: Ich glaube, Deutschland steht nicht unbedingt für Gegenstände[8], sondern mehr für Werte. Ich habe das festgestellt[9], als ich in Irland war. Für die Leute dort war ganz klar: Deutsche sind ordentlich und diszipliniert, ich glaube, das sind so die Werte, die andere Nationen im Kopf haben, und nicht Sauerkraut oder so.

Robert: Für mich steht Deutschland für eine gute Bäckerei. Das merke ich immer, wenn ich irgendwo aus dem Ausland wieder komme. Die deutsche Bäckerei bietet eine unglaubliche Vielfalt[10] an Gebäck, an Brot und auch an Kuchen und Leckereien[11]. Das ist eine typisch deutsche Sache, die mir jetzt so einfällt[12].

---

[1] *bieten* - to offer
[2] destruction
[3] half-timber style construction
[4] *verbuchen* - to credit, account to
[5] clinging
[6] *auf etw. getrimmt sein* - to be concerned with
[7] *nach wie vor* - still
[8] objects
[9] *feststellen* - to ascertain
[10] variety
[11] treats
[12] *einfallen* - to occur to

G. Was sagen Sie?

Beantworten Sie die Fragen über sich selbst und Ihr Heimatland.

Woher kommen Sie?

Was ist an Ihnen typisch …?

Was ist Ihr Lieblingsplatz in Ihrem Heimatland?

Welche Wahrzeichen (Symbole) Ihres Landes kennen Sie?

Holland steht für Tulpen und Käse, wofür steht Ihr Heimatland?

Bei welcher Gelegenheit sind Sie auf Ihr Heimatland stolz?

Mit welchem Slogan würden Sie für Ihr Heimatland Werbung machen?

Was vermissen Sie im Ausland am meisten?

H. Bin ich typisch?

Inwiefern sind Sie typisch oder nicht typisch im Vergleich zu anderen Menschen in Ihrem Heimatland? Verwenden Sie dabei Phrasen, die Sie in den Interviews gelesen haben oder die im Satzbaumuster zu finden sind.

Ich bin	in mancher Hinsicht eigentlich überhaupt nicht	ein typischer Amerikaner eine typische Amerikanerin ein typischer Kanadier eine typische Kanadierin
Der typische Amerikaner	ist	(Adjektive)
Das trifft	ein bisschen ziemlich genau wirklich nicht	auf mich zu
Ich lege viel Wert auf		Leistung

A. Du bist Deutschland

Die **Du bist Deutschland** Kampagne (2006) war eine Social-Marketing-Kampagne mit dem Ziel, positives Denken in Deutschland zu fördern. Johannes findet die **Du bist Deutschland** Kampagne merkwürdig. Hier seine Meinung dazu:

Johannes: Es gibt eine große Diskussion in Deutschland schon seit Jahren, in der versucht wird, den Deutschen ein besseres Bild von ihrem eigenen Land zu geben. Das finde ich grundsätzlich[1] richtig, aber es ist schwierig, das 5 an bestimmten[2] Persönlichkeiten festzumachen[3], Leuten aus dem Show-Business oder aus der Politik, und zu verlangen[4], dass man sich mit diesen Leuten, mit diesem Showmaster Thomas Gottschalk zum Beispiel, identifiziert. Für mich 10 ist das keine Identifikationsfigur. Er ist ein netter Junge, aber er ist nicht Deutschland für mich.

---

[1] in principle
[2] certain
[3] *festmachen an* - to attach to
[4] to demand

Was findet Johannes richtig an der Idee der Kampagne?

Was findet er nicht erfolgreich an der Kampagne?

Ich bin nicht grundsätzlich skeptisch, dass die Deutschen etwas mehr Selbstbewusstsein[5]
15 haben müssten, auch in den internationalen Beziehungen[6]. Die Geschichte, die deutsche Geschichte, lastet[7] sehr noch auf den Deutschen, auch auf der Generation, die damit persönlich nichts zu tun hat, wie wir. So etwas kann leicht
20 auch ausgenutzt[8] werden im Ausland. In der Zeit vor der Wiedervereinigung gab es immer

wieder Versuche von Polen und auch von Israel, diese deutsche Schuld[9] auch politisch auszunutzen. Das finde ich nicht richtig. Und das ist häufig auch gelungen[10] dadurch, dass die 25 Deutschen nicht gesagt haben: Wir haben etwas erreicht nach der Diktatur. Sie haben sich nicht getraut[11], in der Gemeinschaft der Länder wie ein gleichberechtigtes[12] Mitglied[13] aufzutreten[14].

---

[5] self-confidence
[6] relations
[7] *lasten* - to weigh on
[8] *ausnutzen* - to exploit

[9] guilt
[10] *gelingen* - to succeed
[11] *sich trauen* - to dare
[12] having equal rights
[13] member
[14] *auftreten* - to appear

Was denkt Johannes: Braucht Deutschland mehr Selbstbewusstein? Warum oder warum nicht?

Warum ist die deutsche Geschichte ein Problem für Deutschland in internationalen Beziehungen?

Wie können andere Länder die „deutsche Schuld" politisch ausnutzen?

Was denken Sie: Ist Deutschland ein „gleichberechtigtes Mitglied" der Gemeinschaft der Länder?

Zum Beispiel ist es sehr verbreitet[15], dass in der 30 Europäischen Union in Brüssel die Deutschen Englisch sprechen. Nie würde ein Finne oder ein Schwede oder ein Spanier in einer internationalen Gemeinschaft Englisch sprechen, wenn es nicht unbedingt notwendig[16] ist. Die Deutschen wollen 35 immer damit glänzen[17], dass sie andere Sprachen beherrschen, obwohl es, wie bei der EU in Brüssel, Dolmetscher[18] gibt, die von jeder Sprache in jede andere übersetzen. Das finde ich falsch. Ich finde, deutsche Politiker in Brüssel oder in Straßburg 40 sollten Deutsch sprechen.

---

[15] widespread
[16] necessary
[17] *glänzen* - to shine
[18] simultaneous translators

Warum sprechen deutsche Diplomaten in der EU Englisch statt Deutsch?

Warum denkt Johannes, deutsche Politiker sollten Deutsch reden und nicht Englisch?

Sind sie stolz auf Ihre Muttersprache? Warum oder warum nicht?

B. Die Stimmung im eigenen Land

Schauen Sie und Ihre Landsleute eher positiv oder negativ in die Zukunft? Warum oder warum nicht?

Gibt es in Ihrem Heimatland ein starkes Wir-Gefühl? Warum oder warum nicht?

C. Eine Meinung

Beantworten Sie die Fragen zu diesem Artikel aus der deutschen Tageszeitung „Die Welt" (2005).

Stimmung des Aufbruchs – Hans-Martin Rüter

Deutschland ist nach wie vor[1] eine der größten Wirtschaftsnationen, die auf eine lange Tradition von Erfindungen und Innovationen zurückblicken kann. Produkte „Made in Germany" erobern[2] den Weltmarkt und kreieren Trends. Nirgendwo in Europa werden so viele Patente angemeldet[3] wie in Deutschland. Deutsche Spitzentechnologie ist stark nachgefragt. Grund genug also, um positiv in die Zukunft zu schauen. 5 ... 10

Dennoch wird der deutschen Volkswirtschaft ein übles Krankheitsbild attestiert. Würden die Deutschen gleich viel wie die Briten oder Amerikaner ausgeben[4], so würde die deutsche Wirtschaft über Jahre mit rund acht Prozent wachsen. Somit würden massiv Arbeitsplätze geschaffen[5] und dem Staat würden Steuergelder zur Verfügung stehen[6]. Der Staat könnte wieder mehr in Bildung, Familie und Infrastruktur investieren. 15 ... 20

Das innerdeutsche Konsumklima anzufachen[7] ist also die große Herausforderung. Wir brauchen eine Stimmung des Aufbruchs. Die Aktion „Du bist Deutschland" ist ein solches Aufbruchssignal. Es verkörpert all die Elemente, die Passivität in Aktivität wandeln können. 25

---

[1] *nach wie vor* - still
[2] *erobern* - to conquer
[3] *anmelden* - to register
[4] *ausgeben* - to spend (money)
[5] *schaffen* - to create
[6] *zur Verfügung stehen* - to be available
[7] *anfachen* - to arouse, fan a fire

▸▸

Sehr wichtig dabei ist, dass dieses Projekt von Unternehmen der Medienbranche aktiv gefördert[8] wird. Denn die Medien sind heute eine der wichtigsten Stimmungsmacher. 30

Die Kampagne bemüht sich um ein verloren geglaubtes „Wir-Gefühl", das wichtig ist für die aktive Gestaltung[9] der gemeinsamen Zukunft. Wir brauchen den Mut[10] zu solchen Visionen, aber auch die Bereitschaft[11] Risiken einzugehen 35 und Neues mit Leidenschaft[12] zu wagen. Schon oft hat Deutschland bewiesen[13], dass es sich durch eigene Kraft aus Stagnation und Krise befreien kann. Wie wäre es also, wenn wir uns mal wieder selbst anfeuern und gemeinsam 40 über uns hinaus wachsen[14].

---

8   *fördern* - to promote
9   formation
10 courage
11 readiness
12 passion
13 *beweisen* - to prove
14 *über uns hinaus wachsen* - to grow beyond ourselves

Warum sollen Deutsche laut Rüter positiv in die Zukunft schauen?

Wie können Deutsche laut Rüter die deutsche Volkswirtschaft wachsen lassen?

Warum findet Rüter die „Du bist Deutschland" Kampagne gut?

Warum ist es für Rüter wichtig, dass die Medien bei dieser Kampagne mitmachen?

Was denken Sie: Sollen Verbraucher mehr Geld ausgeben, um ein gutes Konsumklima zu fördern?

Sind die Medien dafür verantwortlich, eine positive Stimmung im Land zu fördern? Warum oder warum nicht?

F. Kulturenvergleich

Gibt es in der amerikanischen Geschichte ähnliche Momente eines starken Wir-Gefühls? Welche, wann und warum? Waren sie eher positiv oder negativ?

G. Vorteile und Nachteile eines Wir-Gefühls

Diskutieren Sie mit Ihren Nachbarn.

☐ Ein Wir-Gefühl ist für eine Nation oder eine Gruppe sehr wichtig und meistens positiv.

☐ Ein Wir-Gefühl ist für eine Nation oder eine Gruppe sehr gefährlich und meistens negativ.

Überlegen Sie sich dabei diese Fragen:

Wann hat eine Nation ein spürbares Wir-Gefühl?

Wie kann man ein Wir-Gefühl erzeugen?

Was sind die Vorteile und Nachteile?

Da hast du Recht.	Da hast du Unrecht.
Richtig!	Falsch!
Ja, vielleicht, aber …	Nicht unbedingt.
Zum Beispiel …	Ich sehe das anders.
Eben!	Das kommt darauf an.

H. Patriotismus

Warum sind die Einstellungen von Amerikanern und Deutschen zum Thema Nationalstolz so verschieden? Vergleichen Sie die Notwendigkeit einer Wohlfühlkampagne in Deutschland und in den USA. Warum gab es 2005 eine Wohlfühlkampagne in Deutschland? Hat es so etwas in den USA gegeben? Brauchen die USA jetzt eine Wohlfühlkampagne?

I. Einen Leitartikel schreiben

Schreiben Sie einen Leitartikel, in dem Sie Ihre Meinung zu einem Thema äußern und Gründe dafür geben. Mögliche Themen:

Eine Wohlfühlkampagne für …
Fremdsprachen lernen
Nationalstolz

Stating opinions

Ich will lieber Student in Deutschland sein. <u>Ich bin der Meinung, dass</u> Professoren in den USA zu viel von Studenten verlangen. <u>Aus meiner Sicht</u> haben Studenten einfach zu viel zu tun. <u>Ich stimme</u> der Studentin Stefanie <u>zu</u>, die gesagt hat: „Ich habe keine Zeit mehr einfach zu relaxen." <u>Ich finde</u> die vielen Hausaufgaben an den amerikanischen Unis einfach zu stressig.

Ich bin der Meinung, dass [Verb am Ende].

aus meiner Sicht

Ich stimme …[Objekt im Dativ] (nicht) zu.

Ich finde [Akk. Objekt oder „dass-Satz"] + [Adjektiv].

Supporting an opinion

Manche Professoren sagen: „Die Studenten heute sind faul." Diese Aussage <u>trifft auf</u> mich nicht <u>zu</u>! Ich möchte nur <u>darauf hinweisen</u>, dass ich fast keine Freizeit habe. <u>Wenn</u> ich in vier Jahren den Abschluss machen will, muss ich pro Semester 4-5 Kurse belegen. Ich arbeite auch 20 Stunden pro Woche, <u>weil</u> die Studiengebühren in den USA so hoch sind.

auf …[Akk.] zutreffen

hinweisen auf + Akk.

wenn/weil

Giving reasons. Concluding

<u>Einerseits</u> wollen die Professoren, dass die Studenten viel lernen. <u>Andererseits</u> wollen die Studenten ihr Leben genießen. <u>In manchen Hinsichten</u> ist das Unisystem in Deutschland besser. <u>Erstens</u> haben sie jeden Abend für den nächsten Tag weniger Hausaufgaben. <u>Zweitens</u> haben sie weniger *„graduation requirements"*. <u>Drittens</u> kostet es nicht so viel zu studieren. Natürlich gibt es neben diesen <u>Vorteilen</u> auch <u>Nachteile</u>, aber ich glaube, dass die Studenten in Deutschland viel lernen, aber weniger Stress haben. <u>Deswegen</u> möchte ich Student in Deutschland sein.

einerseits / andererseits

in mancher Hinsicht

erstens/zweitens/drittens/viertens

der Vorteil, die Vorteile

der Nachteil, die Nachteile

deswegen - *therefore*

A. Staat – Bürger

For each item, mark the graph with an "X" to indicate how you see the balance in your country of shared responsibility between the government and individual citizens.

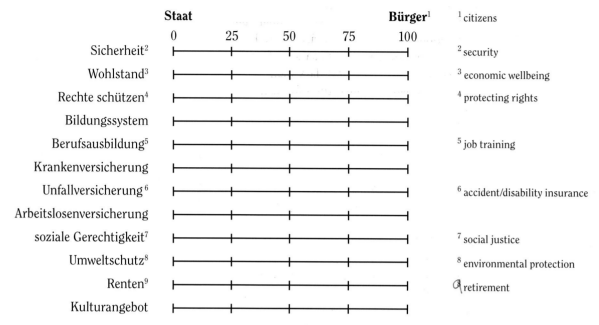

| | **Staat** | | | | **Bürger**[1] | [1] citizens |

| | 0 | 25 | 50 | 75 | 100 | |

Sicherheit[2] — [2] security

Wohlstand[3] — [3] economic wellbeing

Rechte schützen[4] — [4] protecting rights

Bildungssystem

Berufsausbildung[5] — [5] job training

Krankenversicherung

Unfallversicherung[6] — [6] accident/disability insurance

Arbeitslosenversicherung

soziale Gerechtigkeit[7] — [7] social justice

Umweltschutz[8] — [8] environmental protection

Renten[9] — [9] retirement

Kulturangebot

B. Wofür ist der Staat verantwortlich?

Schreiben Sie in jeden Kasten, wofür der Staat verantwortlich sein soll.

Julia: Die Regierung sollte für Sicherheit und Wohlstand sorgen. Zum Beispiel sollten die Steuergelder[1] so ausgegeben[2] werden, dass man in Deutschland Chancen auf gute Berufsausbildungen und Arbeitsplätze hat. Außerdem ist es wichtig, das Land in Wirtschaft und Bildung wettbewerbsfähig[3] zu machen, ohne die soziale Gerechtigkeit aus den Augen zu verlieren. Gleichzeitig sollten die Beziehungen zum Ausland gepflegt[4] werden, damit zusammen gemeinsame Probleme gelöst werden können, wie zum Beispiel im Klimaschutz oder bei internationalen Konflikten. Ganz generell sollte die Regierung also der jetzigen Bevölkerung und den zukünftigen Generationen ein möglichst gutes Leben in Deutschland ermöglichen.

[1]   taxes
[2]   *ausgeben* - to spend
[3]   competitive
[4]   *pflegen* - to take care of

Robert: Die wichtigste Aufgabe des Staates ist es, die Sicherheit seiner Bürger zu garantieren und ihre Rechte zu schützen. Darüber hinaus[5] trägt der Staat Verantwortung in vielen Bereichen[6] der Gesellschaft[7], wie etwa bei der Bildung, dem Gesundheitssystem, den Renten oder den Grundlagen[8] der Marktwirtschaft. Leider schließen viele Leute daraus[9], dass der Staat für alles verantwortlich ist und dass man deshalb von der eigenen Verantwortung für sich selbst entbunden[10] ist.

5 *darüber hinaus* - in addition
6 area
7 society
8 foundation
9 *aus etw. schließen* - to conclude
10 *entbinden* - to release

Jutta: Ich bin der Meinung, dass allgemeine Krankenversicherung, Unfallversicherung, Rentenversicherung und Arbeitslosenversicherung grundsätzlich[11] Sinn machen. Dies sind Leistungen[12], von denen jeder, auch derjenige, der sie aufgrund[13] seiner finanziellen und sozialen Situation nicht in Anspruch nimmt[14], indirekt immens profitiert. Sie verhindern[15], dass die Gesellschaft allzu sehr in Arm und Reich auseinanderfällt, mit allen negativen Konsequenzen. Angesichts[16] der Überalterung[17] der Bevölkerung ist es aber nicht realistisch, diese Leistungen weiterhin so großzügig[18] zu zahlen.

11 in principle
12 services
13 on the basis of
14 *in Anspruch nehmen* - to take advantage of
15 *verhindern* - to prevent
16 in view of
17 aging
18 generously

C. Meinungsaustausch

1. *Go back to the graph in A and mark with a "D" where you think Germans might put the shared responsibilities between government and individual citizens.*

2. Welche Unterschiede sehen Sie zwischen Ihren Antworten und einer deutschen Perspektive?

3. Welche Leistungen vom Staat finden Sie am wichtigsten? Warum?

4. Warum finden Deutsche Slums in US-amerikanischen Städten so fremd?

5. Wer soll das Studium finanzieren, der einzelne Bürger oder der Staat? Warum?

D. Soziale Marktwirtschaft

Was ist Ihnen wichtiger: niedrige Preise im Geschäft oder sozialgerechte Arbeitsbedingungen? Warum?

Julia: Die soziale Marktwirtschaft vermittelt[1] ein Gefühl von Sicherheit: Selbst wenn man seinen Job verliert und keinen neuen findet, fängt das „soziale Netz" einen auf[2]. Man bekommt Hartz IV (Arbeitslosengeld/Sozialhilfe) und ist weiterhin krankenversichert. Und wenn man einen Job hat, gibt es sehr viele Gesetze, die einen absichern[3]: Man kann nicht von heute auf morgen gefeuert[4] werden, man ist kranken- und rentenversichert, etc. In einer freien Marktwirtschaft hat man weniger Sicherheit, und es kann leichter passieren, dass man in Existenznot[5] gerät[6]. Ein weiterer Unterschied ist, dass die Kluft[7] zwischen Arm und Reich in freien Marktwirtschaften größer ist. Ein Hauptnachteil der sozialen Marktwirtschaft ist, dass die Bürger und die Unternehmen[8] relativ hohe Steuern zahlen müssen, um den Sozialstaat zu finanzieren. Das hat zur Folge[9], dass viele Firmen ins Ausland gehen, weil die Stundenlöhne dort niedriger sind und das Arbeitsrecht nicht so streng ist.

---

1 *vermitteln* - to convey
2 *auffangen* - to catch
3 *absichern* - to secure
4 *feuern* - to fire

---

5 dire poverty
6 *geraten* - to wind up
7 chasm
8 companies
9 *zur Folge haben* - to have as a consequence

Was sind Vorteile und Nachteile der sozialen Marktwirtschaft im Vergleich zur freien Marktwirtschaft?

Was denken Sie: Wie lange soll man Arbeitslosengeld vom Staat bekommen, wenn man arbeitslos ist? Warum?

Welche Schwierigkeiten oder Missverständnisse können Deutsche haben, wenn sie in den USA arbeiten? Warum?

E. Globalisierung

Welche Auswirkungen hat die Globalisierung auf Ihr Land gehabt?

Robert: Der deutsche Staat ist in der modernen, globalisierten Welt zur Zeit vollkommen überfordert[1]. Er sollte seinen Bürgern wieder mehr Eigenverantwortung[2] geben und sich aus einigen seiner Aufgaben[3] zurückziehen.

Jutta: Der Sozialstaat hat sich bereits Herausforderungen[4] wie der Globalisierung und Vergreisung[5] der deutschen Bevölkerung angepasst[6]. So erhalten Arbeitslose über eine längere Dauer ihrer Arbeitslosigkeit nicht mehr, wie bisher, ca. zwei Drittel ihres früheren Gehalts[7], sondern gerade nur so viel, dass sie davon leben können. Auch die Leistungen der Krankenkassen sind eingeschränkt[8] worden.

Julia: Damit Deutschland wettbewerbsfähig bleibt, muss der Sozialstaat wohl weiterhin schrumpfen. Niedrigere Steuern und ein weniger strenges Arbeitsrecht würden wahrscheinlich mehr ausländische Investoren anlocken[9]. Das heißt aber nicht, dass das soziale Netz komplett aufgelöst[10] werden muss; am Beispiel Schweden kann man sehen, dass ein moderner Sozialstaat im internationalen Wettbewerb sehr gut abschneiden[11] kann. Klar ist allerdings, dass der deutsche Sozialstaat reformiert werden muss, denn er ist hoch verschuldet[12], vor allem wegen der hohen Arbeitslosenzahlen.

---

[1] *überfordert sein* - to have too much expected of it
[2] individual responsibility
[3] tasks, responsibilities
[4] challenges
[5] greying; aging
[6] *sich anpassen* - to adapt to
[7] salary
[8] *einschränken* - to restrict

[9] *anlocken* - to attract
[10] *auflösen* - to dissolve
[11] *gut abschneiden* - to do well
[12] in debt

Was sind für Deutschland die Vorteile der Globalisierung? Was sind die Nachteile?

Robert meint: „[Der Staat] sollte seinen Bürgern wieder mehr Eigenverantwortung geben." Finden Sie diese Balance in den USA oder in Kanada richtig? Soll der Staat mehr machen oder weniger?

F. Interview mit Reinhold Messner

Reinhold Messner ist der bekannteste Bergsteiger der Welt. Lesen Sie seine Antwort, die er auf eine Frage bei einem Interview gegeben hat.

Frage: Angenommen, Deutschland sei eine Bergsteigergruppe, die in einigen Monaten einen Achttausender zu bezwingen[1] hat, und Sie hätten die Verantwortung für diese Expedition. Welche
5 Fähigkeiten würden Sie in diesen Monaten besonders schulen[2]?

Messner: Ich kenne Deutschland relativ gut. Ich bin ja ein Mitteleuropäer. Ich bin kein Italiener, kein Österreicher und auch kein Deutscher, sondern
10 ich fühle mich als Südtiroler und Europäer. Wenn ich die deutsche Situation mit der im Rest Europas vergleiche, bin ich immer noch recht zuversichtlich[3], obwohl die hier herrschende Anspruchsdemokratie doch inzwischen sehr bestimmend geworden ist.
15 Anspruchsdemokratie ist kritisch gemeint. Die Leute haben immer Ansprüche[4] an die Gesellschaft, an den Staat, aber sie haben oft nur wenige Ansprüche an sich selber. Ich glaube, das ist die Hauptkrankheit der heutigen Zeit.

20 Wenn ich also mit einer Gruppe Menschen einen Achttausender besteigen will, dann müssen alle alles, was ihnen an Energie, an Begeisterung[5], an Erfahrung und an Können zur Verfügung steht, einsetzen und zwar freiwillig. Wenn aber einige darauf warten, dass
25 die anderen etwas einbringen, um selber sozusagen in ihrem Windschatten[6] mit hinaufzukommen, dann gelingt[7] das niemandem. Das ist unser Problem. Ein Bergsteiger, der einen Achttausender besteigt, auch in der Gruppe, der trägt Verantwortung. Und die Folgen[8]
30 eines Fehlers spürt man unmittelbar[9], er kann einen das Leben kosten. Wenn ich mich nicht voll einsetze, komme ich nicht weit. Wenn ich das Zelt[10] am Abend nicht fixiere, dann wird es in der Nacht weggerissen.

Wir tun heute so, als hätte unser Handeln[11] keine
35 Folgen. Die, die es natürlich gibt, trägt dann die nächste Generation. Was heute an Schulden[12] angehäuft wird, an Infrastruktur nicht geschaffen wird, an Kreativität

nicht vorgelegt wird, das hat die nächste Generation auszubaden[13]. Ich glaube, wenn Mitteleuropa, und zwar nicht nur Deutschland, so weitermacht, dann 40 haben wir die Chance, in wenigen Jahrzehnten Dritte Welt zu sein. Es ist nicht leicht, aus diesem Tief, aus dieser Lethargie, in die wir uns haben treiben lassen, wieder herauszukommen, denn die Globalisierung fordert[14] uns alle. Entweder sind wir gut, kreativ und 45 begeistert, für das, was wir tun, oder wir gehen unter.

---

  [1] *bezwingen* - to conquer
  [2] *schulen* - to train, educate
  [3] optimistic
  [4] demands
  [5] enthusiasm
  [6] slipstream
  [7] *gelingen* - to succeed
  [8] consequences
  [9] immediately
  [10] tent
  [11] behavior
  [12] debts

  [13] *ausbaden* - to pay the price for
  [14] *fordern* - to place demands on

Messner ist in Brixen, Südtirol (Italien) geboren und spricht Deutsch als Muttersprache. Identifiziert er sich als Italiener? Warum ist das wichtig?

Was hält Messner für Deutschlands Hauptproblem?

Ist Messner für den Sozialstaat? Begründen Sie Ihre Antwort.

Was denken Sie: Findet Messner die Globalisierung gut? Warum oder warum nicht?

Fühlen Sie sich (wie Messner) für die nächste Generation verantwortlich? Warum oder warum nicht?

G. Ihre Reaktion

Wie reagieren Sie auf folgende Aussage?

„In Deutschland gibt es eine viel größere soziale Gerechtigkeit und Demokratie im Vergleich zu den USA."

Stimmt das oder stimmt das nicht? Begründen Sie Ihre Antwort.

Ich bin der Meinung, dass …

Ich finde …

einerseits/andererseits

Ein Vorteil ist …

In Amerika/Deutschland gibt es …

Skyline von Frankfurt   Frankfurt am Main, Deutschland

Opfer von Kollateralschaden bei einer Osterdemonstration　　　Kassel, Deutschland

Nationalpark Sächsische Schweiz   Sachsen, Deutschland

Fischer beim Entladen   Eckernförde, Deutschland

Konversation   Trier, Deutschland

Die Mauer   Berlin, Deutschland

Spazieren am Fluss   Passau, Deutschland

Fußgängerzone   München, Deutschland

A. Österreicher sein

Notieren Sie kurz einige Unterschiede zwischen Ihrem Heimatland und einem Nachbarland.

Jetzt lesen Sie diese Antworten von zwei Österreicherinnen. Fassen Sie die Unterschiede zwischen Deutschen und Österreichern zusammen.

Was bedeutet es für Sie Österreicherin zu sein?

Michaela - Das ist eine schwierige Frage. Österreicherin – dass man vielleicht auch für sein Land einsteht und dahinter steht auch trotz aller Probleme. Es ist vielleicht auch eine gemütlichere oder herzlichere Gesellschaft als es vielleicht bei den Deutschen oder den Schweizern teilweise ist, dass man vielleicht leichter Kontakt schließt. Die Bayer? Sie sind ja fast schon Österreicher.

Was ist Ihnen als Österreicherin in Deutschland aufgefallen?

Kristina - Ich habe mich auf alle Wörter einstellen[1] müssen, die anders sind. Man meint, man hat eine gemeinsame[2] Sprache, aber Karl Kraus hat einmal gesagt: „Nichts trennt[3] uns so sehr wie die gemeinsame Sprache." Ich habe schon beim Supermarkteinkaufen festgestellt[4], dass das gar nicht so einfach ist. Ich habe irgendwann mal aus Versehen[5] viel zu viel Käse bestellt, weil ich irgendwie nicht das sagen konnte, was ich wollte. Die Mentalität ist schon einfach eine andere.

---

[1] *sich einstellen* - to adapt to
[2] common
[3] *trennen* - to divide
[4] *feststellen* - to ascertain
[5] *aus Versehen* - by accident

Ihre Zusammenfassung:

Ihre Zusammenfassung:

B. Österreich für die Österreicher

Judith schreibt über eine Identitätskrise in Österreich.

Der österreichische Staat ist für faire Bedingungen[1] für alle Österreicher eingerichtet[2]. Dieses Denken funktioniert gut, solange das Land ziemlich geschlossene Grenzen hat. Die Globalisierung oder die Auflösung[3] der Grenzen in Folge der EU hat den schönen Kreis[4] jedoch schlagartig[5] aufgerissen. Plötzlich ist Österreich nicht nur für die Österreicher da. Der Staat soll hier sein für viele, viele andere, die einwandern. Das bringt natürlich Schwierigkeiten. Die überrumpelten[6] Österreicher stellen viele Fragen: Warum müssen „wir" unsere Steuergelder für „die" ausgeben?

Ich denke, dass ein langer Weg mit viel Umdenken, Umstrukturieren und auch viel menschlichem Wachstum[7] bevorstehen[8] muss, wenn es gilt, die Grenzen zwischen „uns" und „ihnen" irgendwann erfolgreich[9] aufzulösen. Die Identität des Österreichers wird eine ganz andere Form annehmen müssen. Ich bin eigentlich gar nicht mehr Österreicher, sondern ein Europäer oder ein Weltmitglied[10]. Ich muss geben, nicht um

meine Lage[11] oder den eigenen Staat zu verbessern, sondern eigentlich um die Welt zu verbessern.

Amerikaner probieren etwas Neues (vielleicht eine Schulreform), und wenn diese klappt[12] ist es gut – und wenn nicht – naja, wer nichts wagt[13], kann nichts gewinnen. Vielleicht müsste Österreich etwas von dieser Denkweise annehmen.

---

1 conditions
2 *einrichten* - to set up
3 disappearing
4 circle
5 abruptly
6 *überrumpeln* - to take by surprise
7 growth
8 *bevorstehen* - to lie ahead
9 successfully
10 world citizen

---

11 situation
12 *klappen* - to be successful
13 *wagen* - to venture, dare

Welche Schwierigkeiten für Österreich haben die Globalisierung und die EU-Mitgliedschaft gebracht?

Gibt es ähnliche Probleme in Ihrem Land?

Was kann Österreich vielleicht von den USA lernen?

Wie soll sich die österreichische Identität ändern?

C. Österreicher und Deutsche

Judith ist mit einem Deutschen verheiratet. Lesen Sie die folgenden Texte und schreiben Sie für jeden Absatz einen passenden Titel in den Kasten.

1. Absatz – Titel:

geradeaus aber nicht so brutal direckt

ehrlichkeit-honest

Am Anfang dachte ich mir, um Gotteswillen, die Deutschen sagen ja die Sachen, die sie denken, wirklich knallhart[1] ins Gesicht. Es ist oft brutal. Obwohl Österreicher vielleicht etwas mehr geradeaus sind als die 5 Amerikaner, gibt es doch einen gewaltigen Unterschied. Als Österreicher sagt man etwas Negatives nicht so direkt. Mein Mann sagt alles ziemlich direkt. Aber man weiß immer, wie man dran ist. Das ist wieder ein 10 Vorteil, dass man nicht raten[2] muss, was er jetzt denkt, und wie er sich fühlt.

---
[1] brutal
[2] *raten* - to guess

2. Absatz – Titel:

Eine andere Sache ist vielleicht, dass Deutsche sehr viel über Geld reden, über Sparen[3] und sich sehr viele Gedanken ma- 15 chen über mehr Pensionen und Erspar- nisse. Auch wird viel im Restaurant gere- det, wenn es zum Zahlen kommt, wer jetzt für was zahlt und so. Das ist in Österreich undenkbar. Da sagt sofort einer: Ich zahle 20 für das und da gibt es keine Debatte. Das wäre sehr unhöflich. Das ist gewöhnungs- bedürftig[4], wenn ich in Deutschland bin, dass die Leute dann sagen: „Du zahlst für dieses Glas Wein" und „Hast du zwei Biere 25 getrunken oder eins?" Das stört mich auch.

---
[3] *sparen* - to save
[4] something one needs to get used to

3. Absatz – Titel:

Und dann auch die Sprache. Wir hatten wirklich Verständigungsschwierigkeiten. Es ist unglaublich, was total Hochdeutsch für mich ist, und wovon er keine Ahnung 30 hat. Es gibt Hunderte Vokabeln im Alltagsgebrauch[5]. Wir haben viele reflexive Verben, die es „nicht gibt". Oder wir sagen: „eine Kiste Bier", und sie sagen: „ein Kasten Bier", was für uns ein Schrank voll Bier 35 wäre! Und dann haben wir immer gestritten, was das richtige Deutsch ist. Wir sind schon jetzt soweit, dass wir sagen, wenn ein ganzes Land diesen Ausdruck verwendet, dann ist es Deutsch. 40

---
[5] every day use

4. Absatz – Titel:

Es gibt natürlich auch viel, das wir einfach gemeinsam[6] verstehen. Er versteht es als Deutscher, und ich verstehe es als Österreicherin. Ich glaube, sie sind irgendwie fairer und sozialgerechter in vielen Weisen[7]. 45 Ich glaube, sie werden in der Schule auch mehr erzogen[8]. Wenn ich zum Beispiel an meinen Geschichtsunterricht denke, da war es immer so: Nach dem Ersten Weltkrieg war mal das Ende. Aber hier in Deutschland 50 wurden wirklich Zweiter Weltkrieg, Hitler, diese schrecklichen[9] Dinge behandelt. Damit wird wirklich Zeit verbracht. Was kann man daraus lernen? Die Österreicher haben einen romantisierten Blick[10] in die 55 Vergangenheit, die vielleicht gar nicht existiert. Und mit dem Jetzt wollen sie nicht zu viel zu tun haben.

---

6 in common
7 *in vielen Weisen* - in many ways
8 *erziehen* - to raise, educate
9 horrible
10 view

D. Judiths Aussagen

1. Sind Sie eher wie Judith oder wie ihr deutscher Mann, was Direktheit betrifft? (1. Absatz)

2. Sind Sie eher wie Judith oder wie ihr deutscher Mann, was Geld betrifft? (2. Absatz)

3. Was sagt Judith über die Sprache? (3. Absatz)

4. Ist Ihr Heimatland eher wie Deutschland oder wie Österreich, was den Geschichtsunterricht in den Schulen betrifft? Warum? (4. Absatz)

E. Interkulturelles Denken

1. Lesen Sie die Texte in A und C noch einmal durch.

2. Suchen Sie alle Aussagen über Österreicher und Deutsche.

3. Markieren Sie die Stellen, die wahrscheinlich repräsentativ sind, mit einem Haken.

4. Markieren Sie die Stellen mit einem Fragezeichen, wenn die Aussage wahrscheinlich nur eine persönliche Meinung ist.

F. I am from Austria

Dieser Song ist in Österreich bekannt.
Warum hat er einen englischen Titel?

I am from Austria - Rainhard Fendrich

Dei'[1] hohe Zeit ist lang vorüber[2]
und auch die Höll'[3] hast hinter dir,
von Ruhm und Glanz[4] ist wenig über,
sag' mir wer zieht noch den Hut vor dir[5] –
5 außer mir

I[6] kenn' die Leut'
i kenn' die Ratten
die Dummheit,
die zum Himmel schreit,
10 i steh' zu dir bei Licht und Schatten –
jederzeit
Da kann ma' machen was ma' will,
da bin i her. Da g'hör i hin.
da schmilzt das Eis von meiner Seel'[7]
15 wie von an Gletscher[8] im April.
Auch wenn mer's schon vergessen hab'n,
i bin dei Apfel, du mein Stamm.
So wie dein' Wasser talwärts[9] rinnt,
unwiderstehlich[10] und so hell,
20 fast wie die Tränen von an Kind,
wird auch mein Blut auf einmal schnell,
sag' i am End' der Welt voll Stolz
und wenn ihr wollt's
auch ganz alla[11] –
25 I am from Austria
I am from Austria

---

1 *dein*
2 past
3 *Hölle*
4 fame and glory
5 shows you any respect
6 *ich*
7 *Seele*
8 glacier
9 towards the valley
10 irresistible
11 *allein*

Zeilen 1 and 2: Was meint Fendrich mit „hohe Zeit"
und „Hölle"?

Zeilen 14-20: Welche Bilder oder Metaphern gibt es
im Text?

Zeilen 25-26: Warum sind diese Zeilen auf
Englisch?

G. Kurzbiographie

Schreiben Sie eine Kurzbiographie eines berühmten Österreichers oder einer berühmten Österreicherin.

Model & tips for writing a Kurzbiographie

Erich Fried wurde am 6. Mai 1921 in Wien geboren.	wurde ... geboren – *for dead people* ist ... geboren – *for still alive people*
Er war Jude.	*with nationalities and occupations do not use an "a" word*
Nach dem Einmarsch deutscher Truppen am 12. März 1938 wurde sein Vater von der Gestapo ermordet.	sein – *his*; ihr – *her*
Erich Fried flüchtete am 4. August über Belgien nach England. Er wohnte danach in London viele Jahre mit seiner Mutter.	*Use simple past. If your regular verb stem ends in a „t", insert an "e" before adding your regular simple past endings:* ich ... (e)te wir ... (e)ten du ... (e)test ihr ... (e)tet er ... (e)te sie ... (e)ten
Dort schrieb er während des Krieges und nach dem Krieg Gedichte und einen Roman. Er arbeitete auch beim *„German Service"* der BBC. Er heiratete in diesen Jahren zweimal und ließ sich auch zweimal scheiden.	*Many common verbs are irregular and you must look up or memorize the simple past base forms or stems. Then add these endings.* ich ... wir ... en du ... st ihr ... t er ... sie ... en
Endlich im April 1962 kehrte Fried zum ersten Mal seit 1938 wieder nach Österreich zurück. In den sechziger Jahren war er in der „Gruppe 47" aktiv. Er übersetzte in den folgenden Jahren auch viele Werke von Shakespeare. Er veröffentlichte immer wieder neue Gedichtbände und blieb durch seine Arbeit politisch engagiert.	im + Monat X + year (*no „in" word*) in den dreißiger/vierziger/fünfziger Jahren
Er kämpfte in seinen letzten Jahren gegen Krebs und starb 1988 in Deutschland.	sterben (stirbt) starb (ist)gestorben
Es wird gesagt: „Erich Fried ist der meistgelesene deutschsprachige Lyriker nach Brecht."	Es wird gesagt – *it is said*

A. Der Sommer

Was verbinden Sie mit der Stadt?

Was verbinden Sie mit dem Land?

Der Sommer (1918) – Peter Altenberg

Woher kommt es, dass ich für jeden Sommer-Aufenthalt »Heimatsgefühle[1]« nachträglich[2] habe, wenn ich ihn verlasse,

während mir die Stadt stets wie ein »Meer von Lüge«

5 erscheint?! Ein Meer von stupider Selbstbelügung[3].

Alles ist Schwindel[4], nur die Landluft nicht!

Was nützen Dir alle die Mamorplatten[5] in weiß, gelb, grau, in den Stadt-Kaffees?!

Ins Landkaffeehaus schimmert Dir der Wald herein.

10 Schöne Frauen werden anspruchslos nett in ihren echten Dirndl-Kostümen,

bemühen sich jedenfalls, wenn auch vielleicht nur scheinbar, aber auch das ist lobenswert,

der Einfachheit der Wiesen[6] zu entsprechen[7]

15 und dem Milieu von Wald und Flur[8]!

Ich glaube nicht, dass am Land Jemand arrogant sein kann,

wegen irgend einer Stellung, die er in der Stadt hat.

Er würde sich selbst komisch vorkommen,

20 jedenfalls aber sogleich den Anderen!

Nein, arrogant kann man nur in der Stadt sein, da gehört es vielleicht direkt hin!

Am Lande bilden sich Hochgestellte[9] und reiche schöne Frauen etwas darauf ein[10],

25 den Rucksack, voll mit unnötigen Dingen und mit Leckerbissen,

selber auf dem Rücken auf die Alm[11] zu schleppen.

Und jedem »Eingeborenen[12]« freundlich intim zuzunicken.

Am Lande sagt man »Grüß Gott« und »Ein herrlicher 30 Morgen!«,

während man in der Stadt »verblüffende Aphorismen« sprechen muss oder geistreich[13] schweigen!

Wie hieß doch jener Held[14], der immer neue Kräfte wiedergewann, dadurch, dass er die Erde berührte?! 35

Gleichviel, solche Helden sind auch wir! Er hieß »Antaeus[15]«.

---

[1] feelings of longing for home
[2] afterwards
[3] self-deception
[4] sham, deception
[5] large marble tiles
[6] meadows
[7] *entsprechen* - to reflect, correspond to
[8] open field
[9] those in high positions
[10] *sich etwas einbilden auf* - to be conceited, take pride in something

[11] alpine pasture
[12] native
[13] wittily
[14] hero
[15] giant in Greek mythology who lost his strength when not touching the ground

Was verbindet Altenberg mit der Stadt?   Was verbindet er mit dem Land?

Altenberg hat diesen Text 1918 veröffentlicht. Was passierte in Österreich zu dieser Zeit?

„Alles ist Schwindel, nur die Landluft nicht!" Warum glaubt Altenberg das? Stimmen Sie damit überein?

Glauben Sie auch, dass die Stadt „stupide Selbstbelügung" ist? Warum oder warum nicht?

B. Mein Verhältnis zu Stadt und Land

1. Wann haben Sie nachträglich Heimatgefühle?

2. Wie versteht man den Unterschied zwischen Stadt und Land in Ihrer Heimatkultur?

3. Kann man nur in der Stadt arrogant sein?

4. Für Österreicher ist die Natur wichtig für die Erholung. Was ist für Sie wichtig? Wie erholen Sie sich?

C. Typisch Wien

In der Stadt sieht man oft krasse Unterschiede zwischen Armen und Reichen. Wo begegnen sich bei Ihnen Arme und Reiche in der Stadt?

Im Volksgarten (1904)– Peter Altenberg

»Ich möchte einen blauen Ballon haben! Einen blauen Ballon möchte ich haben!«

»Da hast du einen blauen Ballon, Rosamunde!«

Man erklärte ihr nun, dass darinnen ein Gas
5 sich befände, leichter als die atmosphärische Luft, infolgedessen etc. etc.

»Ich möchte ihn auslassen …«, sagte sie einfach.

»Willst du ihn nicht lieber diesem armen Mäderl[1]
10 dort schenken?!?«

»Nein, ich will ihn auslassen …!«

Sie lässt den Ballon aus, sieht ihm nach, bis er verschwindet in den blauen Himmel.

»Tut es dir nun nicht leid, dass du ihn nicht dem
15 armen Mäderl geschenkt hast?!?«

»Ja, ich hätte ihn lieber dem armen Mäderl geschenkt!«

»Da hast du einen andern blauen Ballon, schenke ihr diesen!«

20 »Nein, ich möchte den auch auslassen in den blauen Himmel!« -

Sie tut es.

Man schenkt ihr einen dritten blauen Ballon.

Sie geht von selbst hin zu dem armen Mäderl, schenkt ihr diesen, sagt: »Du lasse ihn aus!«   25

»Nein«, sagt das arme Mäderl, blickt den Ballon begeistert an.

Im Zimmer flog er an den Plafond[2], blieb drei Tage lang picken[3], wurde dunkler, schrumpfte ein, fiel tot herab als ein schwarzes Säckchen.   30

Da dachte das arme Mäderl: »Ich hätte ihn im Garten auslassen sollen, in den blauen Himmel, ich hätte ihm nachgeschaut, nachgeschaut …!«

Währenddessen erhielt das reiche Mäderl noch zehn Ballons, und einmal kaufte ihr der Onkel 35 Karl sogar alle dreißig Ballons auf einmal. Zwanzig ließ sie in den Himmel fliegen und zehn verschenkte sie an arme Kinder. Von da an hatten Ballons für sie überhaupt kein Interesse mehr.

»Die dummen Ballons …«, sagte sie.   40

Und Tante Ida fand infolgedessen, dass sie für ihr Alter ziemlich vorgeschritten[4] sei!

Das arme Mäderl träumte: »Ich hätte ihn auslassen sollen, in den blauen Himmel, ich hätte ihm nachgeschaut und nachgeschaut …!«   45

---

[1]   Mädchen

[2]   ceiling
[3]   *picken* - to stick (Austrian)
[4]   advanced (for her age)

Beschreiben Sie das Mädchen Rosamunde.

Warum will Rosamunde alle Ballons auslassen?

Warum lässt das arme Mädchen ihren Ballon nicht aus?

Warum interessiert sich Rosamunde für Ballons nicht mehr?

Warum träumt das arme Mädchen, es hätte den Ballon auslassen sollen?

Warum passiert die Geschichte im Volksgarten in Wien und nicht auf dem Land?

Vergleichen Sie das Bild von der Stadt in dieser Erzählung mit dem Text „Der Sommer". Ist das Bild von der Stadt hier positiv oder negativ?

D. Über meinen Großvater

Folgendes Gedicht beschreibt das Leben eines Österreichers.

1. Schlagen Sie die Bedeutung aller
   unbekannten Verben aus dem Text nach,
   damit Sie wissen, was passiert ist.

2. Der Dichter beschreibt das Leben seines
   Großvaters mit konkreten Bildern.
   Versuchen Sie, sich diese Bilder vorzustellen.

Über meinen Großvater – Konstantin Kaiser

In Vorarlberg[1] vor achtzig Jahren geboren.
Armer Leute Kind. Nie ein Vermögen[2] verloren.

Gelernt: Elektriker. Wann: Vor dem Krieg,
der nur der erste war.

Kein großer Kerl. Kann euch nicht sagen,   5
ob er damals den roten Schnurrbart[3] getragen.

Nach dem Krieg nach Innsbruck gekommen,
meine liebe Großmutter zur Frau genommen.

(Sie kaute Kaffeebohnen lieber als Gemüse
zur Zeit der großen Wirtschaftskrise.)   10

Ein Foto zeigt ihn, ziemlich jung,
auf des Bahnsteigs steinerner Einfassung[4]

mit einem hölzernen Koffer stehen,
in den Krieg für seinen Kaiser gehen.

Ein zweites Foto: wie er gebeugt   15
in den Waggon des Volkssturms steigt.

Dann Wiederaufbau. Bei Frost, überm Kopf
Lichtleitungen in nackte Mauern[5] gestemmt[6].

Als er starb, war gerade eine bessere Zeit
nach den zwei Kriegen und der Arbeitslosigkeit. 20

---

[1] Austrian province bordering on Switzerland
[2] fortune
[3] moustache
[4] stony fence
[5] *nackte Mauern* - bare walls
[6] pressed

Machen Sie Notizen zu den folgenden Begriffen:

Vorarlberg

Wirtschaftskrise

Kaiser

Volkssturm

Wiederaufbau

Zeit der Arbeitslosigkeit

Ist der Dichter glücklich
oder traurig über das
Leben seines Großvaters?

E. Perspektivenwechsel

Sie sitzen in der Mensa und erzählen einem Nachbarn, dass Sie in Ihrem Deutschkurs Österreich behandeln. Er sagt: „Österreich? Das ist wirklich das Gleiche wie Deutschland, nicht?" Wie reagieren Sie darauf?

F. Ähnlich und anders sein

Suchen Sie sich ein Thema aus und schreiben Sie einen Aufsatz dazu.

1. Beschreiben Sie eine Situation, in der Sie sich als Außenseiter gefühlt haben. Warum waren Sie ausgeschlossen? Wie haben Sie damals reagiert?

2. Beschreiben Sie eine Situation, wo Sie gemerkt haben, dass Sie anders sind. Wie haben Sie sich gefühlt und was haben Sie getan?

3. Sind Sie den Deutschen oder den Österreichern ähnlicher und warum? Inwieweit sind Sie weder wie die Deutschen noch wie die Österreicher?

Als ich 15 Jahre alt war…

Einmal, als ich in San Antonio gelebt habe, …

Ich war schon immer anders.

Ich habe mich total allein gefühlt.

Ich bin mir so blöd vorgekommen.

Meistens bin ich eher wie die Deutschen.

Manchmal, wenn ich zu Hause bin, …

A. Gedichte

Lesen Sie zwei Gedichte von Erich
Fried und beantworten Sie die
folgenden Fragen.

Angst und Zweifel

Zweifle nicht
an dem
der dir sagt
er hat Angst
aber hab Angst
vor dem
der dir sagt
er kennt keinen Zweifel

Die Maßnahmen

Die Faulen werden geschlachtet,
die Welt wird fleißig.

Die Alten werden geschlachtet,
die Welt wird jung.

Die Häßlichen werden geschlachtet,
die Welt wird schön.

Die Traurigen werden geschlachtet,
die Welt wird lustig.

Die Narren werden geschlachtet.
die Welt wird weise.

Die Feinde werden geschlachtet,
die Welt wird freundlich.

Die Kranken werden geschlachtet,
die Welt wird gesund.

Die Bösen werden geschlachtet,
die Welt wird gut.

Welche Themen aus der Geschichte Österreichs erkennt man in diesen Gedichten?

Was meinen Sie: Sind diese Gedichte ein Vorwurf, eine Warnung oder eine Beschreibung der Welt? Warum?

Passen diese Gedichte zur jetzigen Situation in den USA? Warum oder warum nicht?

B. Heilende Sicht

Lesen Sie das Gedicht von Martin Gutl und konzentrieren Sie sich auf das Bild, das beschrieben wird.

> Betrachte[1] die Vergangenheit
> etwas länger und genauer!
> In den Ruinen wächst das grüne Gras,
> wurzeln[2] kleine Bäume.
> Und die singenden Vögel
> kreisen[3] über die zerfallenen[4] Mauern.

---

[1] *betrachten* - to consider
[2] *wurzeln* - to take root
[3] *kreisen* - to circle
[4] ruined, collapsed

Was für ein konkretes Bild beschreibt das Gedicht?

Ist das Gedicht optimistisch oder pessimistisch geschrieben? Warum?

Vergleichen Sie dieses Gedicht mit einem Gedicht von Erich Fried in Abschnitt A.

C. Die Gegenmaßnahmen

Lesen Sie „Die Maßnahmen" von Erich Fried noch einmal und schreiben Sie ein eigenes Gedicht unter dem Titel „Die Gegenmaßnahmen".

> Die Faulen werden geboren,
> die Welt wird entspannter.
>
> Die Hässlichen werden geboren.
> Wer sagt, sie sind hässlich?
>
> Die Narren werden geboren,
> das Leben wird lustiger.

D. Wo ich wohne

Was verbinden Sie mit Österreich im 2. Weltkrieg?

Wo ich wohne – Ilse Aichinger

Ich wohne seit gestern einen Stock[1] tiefer. Ich will es nicht laut sagen, aber ich wohne tiefer. Ich will es deshalb nicht laut sagen, weil ich nicht übersiedelt[2] bin. Ich kam gestern abends aus dem Konzert nach
5 Hause, wie gewöhnlich Samstag abends, und ging die Treppe hinauf, nachdem ich vorher das Tor aufgesperrt[3] und auf den Lichtknopf[4] gedrückt hatte. Ich ging ahnungslos[5] die Treppe hinauf—der Lift ist seit dem Krieg nicht in Betrieb[6]—und als ich im dritten
10 Stock angelangt war, dachte ich „Ich wollte, ich wäre schon hier" und lehnte mich für einen Augenblick an die Wand neben der Lifttür. Gewöhnlich überfällt mich im dritten Stock eine Art von Erschöpfung[7], die manchmal so weit führt, dass ich denke, ich müsste
15 schon vier Treppen gegangen sein. Aber das dachte ich diesmal nicht, ich wusste, dass ich noch ein Stockwerk

über mir hatte. Ich öffnete deshalb die Augen wieder, um die letzte Treppe hinaufzugehen, und sah in demselben Augenblick mein Namensschild an der Tür links vom Lift. Hatte ich mich doch geirrt[8] und war 20 schon vier Treppen gegangen? Ich wollte auf die Tafel schauen, die das Stockwerk bezeichnete[9], aber gerade da ging das Licht aus.

Da der Lichtknopf auf der anderen Seite des Flurs ist, ging ich die zwei Schritte bis zu meiner Tür im 25 Dunkeln und sperrte auf. Bis zu meiner Tür? Aber welche Tür sollte es denn sein, wenn mein Name daran stand? Ich musste eben doch schon vier Treppen gegangen sein.

---

[1] floor
[2] *übersiedeln* - to move (Austrian)
[3] *aufsperren* - to open (Austrian)
[4] button to turn on stairway lights - usually on a timer
[5] unsuspecting
[6] *in Betrieb* - in service
[7] exhaustion

[8] *sich irren* - to be mistaken
[9] *bezeichnen* - to indicate

Beschreiben Sie in einfachen Sätzen, was der Erzählerin passiert ist.

Warum glaubt die Erzählerin, dass sie vor ihrer Tür steht?

Ist die Erzählerin vier Treppen gegangen oder erst drei?

E. Zweifel

30 Die Tür öffnete sich auch gleich ohne Widerstand[10], ich fand den Schalter[11] und stand in dem erleuchteten[12] Vorzimmer, in meinem Vorzimmer, und alles war wie sonst: die roten Tapeten, die ich längst hätte wechseln wollen, und die Bank, die daran gerückt war,

35 und links der Gang zur Küche. Alles war wie sonst. In der Küche lag das Brot, das ich zum Abendessen nicht mehr gegessen hatte, noch in der Brotdose[13]. Es war alles unverändert. Ich schnitt ein Stück Brot ab und begann zu essen, erinnerte mich aber plötzlich,

40 dass ich die Tür zum Flur nicht geschlossen hatte, als ich hereingekommen war, und ging ins Vorzimmer zurück, um sie zu schließen.

Dabei sah ich in dem Licht, das aus dem Vorzimmer auf den Flur fiel, die Tafel, die das Stockwerk bezeichnete.

45 Dort stand: Dritter Stock. Ich lief hinaus, drückte auf den Lichtknopf und las es noch einmal. Dann las ich die Namensschilder auf den übrigen Türen. Es waren die Namen der Leute, die bisher unter mir gewohnt hatten. Ich wollte dann die Stiegen[14] hinaufgehen,

50 um mich zu überzeugen[15], wer nun neben den Leuten wohnte, die bisher neben mir gewohnt hatten, ob nun wirklich der Arzt, der bisher unter mir gewohnt hatte, über mir wohnte, fühlte mich aber plötzlich so schwach, dass ich zu Bett gehen musste.

55 Seither liege ich wach und denke darüber nach, was morgen werden soll. Von Zeit zu Zeit bin ich immer

noch verlockt[16], aufzustehen und hinaufzugehen und mir Gewissheit[17] zu verschaffen. Aber ich fühle mich zu schwach, und es könnte auch sein, dass von dem Licht im Flur da oben einer erwachte[18] und herauskäme und 60 mich fragte: „Was suchen Sie hier?" Und diese Frage, von einem meiner bisherigen[19] Nachbarn gestellt, fürchte ich so sehr, dass ich lieber liegen bleibe, obwohl ich weiß, dass es bei Tageslicht noch schwerer sein wird, hinaufzugehen. 65

---

[10] resistance
[11] switch
[12] lit
[13] lunchbox
[14] stairs
[15] *überzeugen* - to convince

---

[16] tempted
[17] certainty
[18] would wake up
[19] former

Beschreiben Sie in einfachen Sätzen, was der Erzählerin passiert ist.

Welche Beweise gibt es, dass diese Wohnung tatsächlich ihre Wohnung ist?

Welche Beweise hat sie, dass sie einmal einen Stock höher gewohnt hat?

Warum fürchtet sich die Erzählerin vor ihren Nachbarn?

F. Einschlafen

Nebenan höre ich die Atemzüge[1] des Studenten, der bei mir wohnt; er ist Schiffsbaustudent, und er atmet tief und gleichmäßig. Er hat keine Ahnung[2] von dem, was geschehen ist. Er hat keine Ahnung, und ich liege hier
70 wach. Ich frage mich, ob ich ihn morgen fragen werde. Er geht wenig aus, und wahrscheinlich ist er zu Hause gewesen, während ich im Konzert war. Er müsste es wissen. Vielleicht frage ich auch die Aufräumefrau[3].

Nein. Ich werde es nicht tun. Wie sollte ich denn
75 jemanden fragen, der mich nicht fragt? Wie sollte ich auf ihn zugehen[4] und ihm sagen: „Wissen Sie vielleicht, ob ich nicht gestern noch eine Treppe höher wohnte?" Und was soll er darauf sagen? Meine Hoffnung bleibt, dass mich jemand fragen wird, dass mich morgen
80 jemand fragen wird: „Verzeihen Sie, aber wohnten Sie nicht gestern noch einen Stock höher?" Aber wie ich meine Aufräumefrau kenne, wird sie nicht fragen. Oder einer meiner früheren Nachbarn: „Wohnten Sie nicht gestern noch neben uns?" Oder einer meiner
85 neuen Nachbarn. Aber wie ich sie kenne, werden sie alle nicht fragen. Und dann bleibt mir nichts übrig[5], als so zu tun, als hätte ich mein Leben lang schon einen Stock tiefer gewohnt.

---

[1] breathing
[2] idea
[3] cleaning woman
[4] *auf jemanden zugehen* - to go up to someone
[5] *Es bleibt mir nichts übrig* - I have no other choice

Beschreiben Sie den Studenten und die Aufräumefrau.

Warum wagt die Erzählerin es nicht, jemanden zu fragen? Wovor hat sie Angst?

Was ist ihre Hoffnung?

Warum sind alle Fragen müßig?

Warum kann die Erzählerin nicht einschlafen?

Ich frage mich, was geschehen wäre, wenn ich das Konzert gelassen hätte. Aber diese Frage ist von heute 90 an ebenso müßig[6] geworden wie alle anderen Fragen. Ich will einzuschlafen versuchen.

---

[6] futile, pointless

G. Nach unten

Ich wohne jetzt im Keller. Es hat den Vorteil, dass meine Aufräumefrau sich nicht mehr um die Kohlen[7]
95 herunterbemühen[8] muss, wir haben sie nebenan[9], und sie scheint[10] ganz zufrieden damit. Ich habe sie im Verdacht[11], dass sie deshalb nicht fragt, weil es ihr so angenehmer[12] ist. Mit dem Aufräumen hat sie es niemals allzu genau genommen; hier erst recht
100 nicht. Es wäre lächerlich, von ihr zu verlangen[13], dass sie den Kohlenstaub[14] stündlich von den Möbeln fegt[15]. Sie ist zufrieden, ich sehe es ihr an. Und der Student läuft täglich pfeifend die Kellertreppe hinauf und kommt abends wieder. Nachts höre ich ihn tief und
105 regelmäßig atmen. Ich wollte, er brächte eines Tages ein Mädchen mit, dem es auffällig[16] erschiene, dass er im Keller wohnt, aber er bringt kein Mädchen mit.

Und auch sonst fragt niemand. Die Kohlenmänner, die ihre Lasten[17] mit lautem Gepolter links und rechts in
110 den Kellern abladen, ziehen die Mützen[18] und grüßen, wenn ich ihnen auf der Treppe begegne[19]. Oft nehmen sie die Säcke ab und bleiben stehen, bis ich an ihnen vorbei bin. Auch der Hausbesorger grüßt freundlich, wenn er mich sieht, ehe ich zum Tor hinausgehe. Ich dachte
115 zuerst einen Augenblick lang, dass er freundlicher

grüße als bisher, aber das war eine Einbildung[20]. Es erscheint einem manches freundlicher, wenn man aus dem Keller steigt.

Auf der Straße bleibe ich stehen und reinige meinen Mantel vom Kohlenstaub, aber es bleibt nur wenig 120 daran haften. Es ist auch mein Wintermantel, und er ist dunkel. In der Straßenbahn überrascht es mich, dass der Schaffner mich behandelt wie die übrigen Fahrgäste und niemand von mir abrückt[21]. Ich frage mich, wie es sein soll, wenn ich im Kanal[22] wohnen 125 werde. Denn ich mache mich langsam mit diesem Gedanken vertraut[23].

---

7   coal (for heating)
8   *sich herunterbemühen* - to go downstairs laboriously
9   next door
10 *scheinen* - to seem
11 suspicion
12 more pleasant
13 *verlangen* - to demand
14 coal dust
15 *fegen* - to brush, sweep
16 strange
17 burdens
18 caps
19 *begegnen* - to encounter, meet

20 delusion
21 *abrücken* - to move away
22 sewer
23 *sich mit etw. vertraut machen* - to get used to something

Wie wohnt die
Erzählerin jetzt?

Was sind die
Vorteile der neuen
Wohnsituation?

Was wünscht sich
die Erzählerin?
Warum vielleicht?

Was passiert jetzt
auf der Straße?

H. Selbstvorwürfe

Seit ich im Keller wohne, gehe ich auch an manchen
Abenden wieder ins Konzert. Meist samstags, aber
130 auch öfter unter der Woche. Ich konnte es schließlich
auch dadurch, dass ich nicht ging, nicht hindern[1],
dass ich eines Tages im Keller war. Ich wundere
mich jetzt manchmal über meine Selbstvorwürfe[2],
über all die Dinge, mit denen ich diesen Abstieg[3] zu
135 Beginn in Beziehung[4] brachte. Zu Beginn dachte ich
immer: „Wäre ich nur nicht ins Konzert gegangen

---

[1]   *hindern* - to prevent
[2]   self-reproach
[3]   decent, fall
[4]   *in Beziehung bringen* - to connect

Was macht die
Erzählerin, seitdem sie
im Keller wohnt?

Hat die Erzählerin
noch Angst? Welche
Beweise findet man
im Text?

Warum versucht die
Erzählerin nicht,
ihre Situation zu
verbessern?

Welche Unterschiede
wird es geben, wenn
die Erzählerin im
Kanal wohnt?

oder hinüber auf ein Glas Wein!" Das denke ich
jetzt nicht mehr. Seit ich im Keller bin, bin ich ganz
beruhigt[5] und gehe um Wein, sobald ich danach
Lust habe. Es wäre sinnlos, die Dämpfe[6] im Kanal[7] 140
zu fürchten, denn dann müsste ich ja ebenso das
Feuer im Innern der Erde zu fürchten beginnen—es
gibt zu vieles, wovor ich Furcht haben müsste. Und
selbst wenn ich immer zu Hause bliebe und keinen
Schritt mehr auf die Gasse[8] täte, würde ich eines 145
Tages im Kanal sein.

Ich frage mich nur, was meine Aufräumefrau dazu
sagen wird. Es würde sie jedenfalls auch des Lüftens
entheben[9]. Und der Student stiege pfeifend durch die
Kanalluken[10] hinauf- und wieder hinunter. Ich frage 150
mich auch, wie es dann mit dem Konzert sein soll
und mit dem Glas Wein. Und wenn es dem Studenten
gerade dann einfiele[11], ein Mädchen mitzubringen?
Ich frage mich, ob meine Zimmer auch im Kanal
noch dieselben sein werden. Bisher sind sie es, aber 155
im Kanal hört das Haus auf. Und ich kann mir
nicht denken, dass die Einteilung in Zimmer und
Küche und Salon und Zimmer des Studenten bis ins
Erdinnere[12] geht.

---

[5]   calm
[6]   vapours
[7]   sewer
[8]   street (Austrian)
[9]   save her from having to air out the apartment
[10] sewer manholes
[11] *einfallen* - to have the idea
[12] interior of the earth

I. Bedauern

160 Aber bisher ist alles unverändert. Die rote Wandbespannung[13] und die Truhe[14] davor, der Gang zur Küche, jedes Bild an der Wand, die alten Klubsessel und die Bücherregale–jedes Buch darinnen. Draußen die Brotdose und die Vorhänge an den Fenstern.

165 Die Fenster allerdings, die Fenster sind verändert. Aber um diese Zeit hielt ich mich meistens in der Küche auf[15], und das Küchenfenster ging seit jeher auf den Flur. Es war immer vergittert[16]. Ich habe keinen Grund, deshalb zum Hausbesorger zu gehen, und noch
170 weniger wegen des veränderten Blicks[17]. Er könnte mir mit Recht sagen, dass ein Blick nicht zur Wohnung gehöre, die Miete beziehe sich auf die Größe, aber nicht auf den Blick. Er könnte mir sagen, dass mein Blick meine Sache sei.

175 Und ich gehe auch nicht zu ihm, ich bin froh, solange er freundlich ist. Das einzige, was ich einwenden[18] könnte, wäre vielleicht, dass die Fenster um die Hälfte kleiner sind. Aber da könnte er mir wiederum

---

13 wall covering
14 chest
15 *sich aufhalten* - to stay in
16 barred
17 view
18 *einwenden* - to object

entgegnen[19], dass es im Keller nicht anders möglich sei. Und darauf wüsste ich keine Antwort. Ich könnte 180 ja nicht sagen, dass ich es nicht gewohnt bin, weil ich noch vor kurzem im vierten Stock gewohnt habe. Da hätte ich mich schon im dritten Stock beschweren müssen. Jetzt ist es zu spät.

---

19 *entgegnen* - to reply

Ist alles in der Wohnung wirklich unverändert?

Wie sind die Fenster jetzt anders?

Warum sagt die Erzählerin: „Jetzt ist es zu spät"?

Diese Erzählung ist 1952 erschienen. Welche Verbindung sehen Sie zu der österreichischen Geschichte zu dieser Zeit?

A. Schweizer sein

1. Die Schweiz ist fast so klein, wie man sie sich vorstellt, und bedeutend größer, als man denkt. – Friedrich Dürrenmatt

Was bedeutet es, dass die Schweiz größer ist „als man denkt"?

2. Die „Schweizer" (wenn das Wort einen Sinn hat) sind zweifellos ordentlich, sorgfältig[1], pflichtbewusst[2], aber sie sind auch engstirnig[3]. Sie sind aktiv, aber innerhalb ihres Territoriums; sie kapseln sich ab[4], weil sie auf Ruhe bedacht sind. Und kann man nicht sogar sagen, dass sie dieser Ruhe alles geopfert[5] haben. – Charles-Ferdinand Ramuz

---

[1] careful, meticulous
[2] dutiful
[3] narrow-minded
[4] *sich abkapseln* - to isolate oneself
[5] *opfern* - to sacrifice

Passen die Adjektive *sorgfältig, pflichtbewusst* und *engstirnig* zusammen? Sind pflichtbewusste Menschen oft engstirnig?

Was haben die Schweizer Ihrer Meinung nach der Ruhe geopfert?

3. Manchmal haben die Schweizerinnen und Schweizer selber Mühe zu beschreiben, was sie – außer dem Pass – mit ihren Landsleuten aus den anderen Sprachregionen verbindet. In diesem Zusammenhang wird oft von der so genannten Willensnation gesprochen: Man bildet freiwillig eine Einheit, ohne einheitlich[6] zu sein. – www.swissworld.org

---

[6] unified

Wie kann man eine Einheit bilden, ohne einheitlich zu sein? Ist das möglich?

4. Die Schweiz sieht ihr Bürgerrecht als exklusives Gut an. Man sieht sich in Europa als auserwähltes[7] Völkchen. Also dürfen auch nur wenige zu diesem Volk gehören.
– Doris Bianchi

[7] chosen

Sehen Amerikaner ihr Bürgerrecht als „exklusives Gut" an?

5. Die Schweizer, das sind heraufgekommene[8] Bauern. Die Österreicher, das sind heruntergekommene[9] Adlige[10]. Österreich hat eine großartige imperiale Vergangenheit und etwas davon spürt[11] man noch jetzt. Die Schweizer, das ist eine Nation von Bauern, eigentlich eine sehr arme Nation. Die Schweiz ist erst in der zweiten Hälfte des 19. Jahrhunderts langsam zum Industrieland geworden und erst im 20. Jahrhundert ein reiches Land geworden.
– Paul, ein Schweizer

[8] *heraufkommen* - to rise, go up
[9] *herunterkommen* - to go down; go to ruin
[10] members of the nobility
[11] *spüren* - to sense

Nennen Sie fünf Unterschiede zwischen Adligen und Bauern.

Zusammenfassung: Was für ein Bild von den Schweizern vermitteln diese Aussagen?

B. Heimat

Des Schweizers Schweiz – Peter Bichsel

Ich lebe in diesem Land.

Es lässt sich in diesem Land leben[1].

Ich bin hier geboren. Ich bin hier aufgewachsen. Ich verstehe die Sprache
5 dieser Gegend. Ich weiß, was ein Männerchor ist, was eine Dorfmusik ist, ein Familienabend, eine Partei. Ich bilde mir ein, hier leidenschaftliche[2] Briefmarkensammler[3] auf der Straße an
10 ihrem Gehaben[4] erkennen zu können. Nur hier kann ich mit Sicherheit Schüchterne[5] von Weltgewandten[6] unterscheiden[7].

Ich fühle mich hier zu Hause. Auch mir fällt es schwer[8], mir vorzustellen[9], dass sich
15 jemand so zu Hause fühlen kann wie ein Schweizer in der Schweiz.

Ich leide unter Heimweh; aber es ist bestimmt nur Heimweh nach dem Bekannten[10].

Die Schweiz ist mir bekannt. Das macht
20 sie mir angenehm. Hier kenne ich die Organisation. Hier kann ich etwas durchschauen[11]. Ich weiß, wie viel die Dinge hier ungefähr kosten, und ich brauche das Geld, mit dem ich bezahle, nicht
25 umzurechnen[12].

Ich fühle mich hier sicher, weil ich einordnen[13] kann, was hier geschieht. Hier kann ich unterscheiden zwischen der Regel und dem Außerordentlichen[14]. Vielleicht
30 bedeutet das Heimat. Dass ich sie liebe, überrascht mich nicht.

Wir haben in dieser Gegend viel Nebel, und ich leide unter dem Föhn[15]. Der Jura[16] und die Alpen machen mir vor allem ein schlechtes Gewissen[17], weil ich immer das Gefühl habe, 35 ich müsste sie besteigen und es doch immer wieder sein lasse[18]. Ich habe mit nichts so viel Ärger[19] wie mit der Schweiz und mit Schweizern.

Was mich freut und was mich ärgert, was 40 mir Mühe[20] und was mir Spaß macht, was mich beschäftigt, hat fast ausschließlich[21] mit der Schweiz und mit den Schweizern zu tun. Das meine ich, wenn ich sage: „Ich bin Schweizer."
45

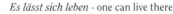

1	*Es lässt sich leben* - one can live there
2	passionate
3	stamp collectors
4	behavior
5	shy people
6	sophisticated, worldly-wise
7	*unterscheiden* - to distinguish, tell the difference
8	*schwer fallen* - to be difficult
9	*sich vorstellen* - to imagine
10	the known
11	*durchschauen* - to see through, understand
12	*umrechnen* - to convert
13	*einordnen* - to categorize
14	extraordinary, unusual

15	alpine wind
16	mountain range
17	conscience
18	*etwas sein lassen* - to not do something
19	frustration
20	trouble, effort
21	exclusively

Was bedeuten diese Wörter wahrscheinlich für Bichsel?

Männerchor

Dorfmusik

Familienabend

Partei

Ist für Sie Heimweh immer „Heimweh nach dem Bekannten"?

Was freut Sie an Ihrer Heimat? Was ärgert Sie?

Bichsel meint, Heimat ist die Fähigkeit zu unterscheiden „zwischen der Regel und dem Außerordentlichen". Was meinen Sie dazu?

C. Was ist die Schweiz?

Was ist die Schweiz? – Hans-Jürg Fehr

Ich glaube, dass es vor 50 Jahren leichter war, auf diese Frage eine Antwort zu geben. Man konnte einfach sagen, die Schweiz, das sind die Menschen und die Verhältnisse[1] 5 diesseits[2] der Grenze, und das andere ist das Ausland. Die überwiegende Mehrzahl[3] der Schweizerinnen und Schweizer war der tiefen Überzeugung[4] besser zu leben und wohl auch besser zu sein als die 10 anderen. Die Schweiz war das vom Krieg unversehrte[5] Paradies mitten in Europa, das alles hatte. Schweiz sein definierte sich also ganz stark durch ein allgemeines Überlegenheitsgefühl[6].

---

[1] conditions; situation
[2] on this side of
[3] majority
[4] conviction
[5] undamaged
[6] feeling of superiority

60 Jahre nach dem 2. Weltkrieg, 50 Jahre 15 nach Gründung der EU, ist vieles anders. Äussere[7] Formen wie die Landesgrenze reichen nicht mehr aus um die nationalen Identitäten zu definieren, in den Vordergrund[8] treten jetzt die Inhalte[9]. Damit 20 meine ich die echten Eigenheiten[10], die Einzigartigkeiten[11], das was uns von den anderen unterscheidet, das, was wir als typisch schweizerisch empfinden. …

Ich möchte Ihnen die zehn wichtigsten 25 Eigenheiten präsentieren, die meiner Meinung nach den Kern unserer schweizerischen Identität ausmachen:

1. Die direkte Demokratie

2. Die Volksrechte 30

3. Der Minderheitenschutz[12] und die an ihn gekoppelte Integrationsfähigkeit[13]

4. Die Vielsprachigkeit und die mit ihr verbundene Multikulturalität

5. Der Föderalismus[14] 35

6. Das Leistungsvermögen[15], die Tüchtigkeit[16] der Bevölkerung

7. Das Qualitätsbewusstsein (klein, aber fein) der Wirtschaft

8. Der hohe Ausbildungsstand und die mit 40 ihm verbundene Forschungsqualität

9. Der soziale Friede

10. Die humanitäre Tradition

Das ist es, was meines Erachtens[17] die Schweiz im Wesentlichen ausmacht. Darauf 45 gründet unser Selbstbewusstsein[18]. Darauf können wir stolz sein.

---

[7] outer
[8] foreground
[9] substance, content
[10] characteristics
[11] unique features
[12] protection for minorities
[13] ability to integrate
[14] federalism
[15] ability to perform well
[16] competence
[17] *meines Erachtens* - in my opinion
[18] understanding of self

Warum war es früher leichter, die Schweiz zu definieren?

Woher kam das Überlegenheitsgefühl der Schweizer?

Welche der 10 Eigenheiten in der Liste passen zu den USA?

Vergleichen Sie die Vielsprachigkeit der Schweiz mit Ihrem Heimatland.

D. Merkmale einer Nation

Beantworten Sie die folgenden Fragen über Ihr Heimatland.

1. Wie definiert man Ihr Heimatland bei Ihnen?

2. Auf welche Eigenschaften oder Errungenschaften Ihres Heimatlands sind Sie stolz?

3. Auf welche Eigenschaften oder geschichtliche Ereignisse sind Sie weniger stolz?

4. Welche 3-5 Merkmale aus der folgenden Liste sind am wichtigsten in Ihrem Heimatland?

> die Arbeitsethik
> ein gutes Bildungssystem
> militärische Macht
> die Menschenrechte
> eine repräsentative Demokratie
> die Freiheit (Presse-, Religions-, Meinungsfreiheit)
> die Religion
> die Gleichberechtigung* von allen Menschen   *equal rights*
> die Freie Marktwirtschaft
> der Optimismus
> das Rechtssystem
> das soziale Netz
> die Selbstverwirklichung (der „American Dream")

5. Nennen Sie zwei weitere Eigenschaften, die nicht in der Liste stehen.

A. Schweizerdeutsch

Schweizerdeutsch ist eine Gruppe von deutschen Dialekten in der Schweiz. Max Frisch schreibt über die Rolle von Hochdeutsch und Schweizerdeutsch in der schweizerischen Armee.

Dienstbüchlein – Max Frisch

Obschon die Deutschschweizer, ausgenommen Schriftsteller und vielleicht Pfarrer[1], sich nur in der Mundart wohl fühlen, heißt es in der Befehlssprache[2]
5 unsrer Armee: Feuer! nicht Füür! Das ruft sich besser. Es heißt: Wache[3] heraus! Jeder Mann hat die Volksschule besucht und versteht das Hochdeutsch, dessen die Befehlssprache unsrer Armee
10 sich bedient, ohne Mühe. Zumindest wenn der Befehl sich an eine größere Gruppe richtet, hören wir nicht: Helm uuf! sondern: Helm auf! Besteht ein Befehl aus ganzen Sätzen, so bleibt
15 es allerdings bei der Mundart; sonst könnte die Wirkung komisch sein, spätestens wenn der Kanonier den vernommenen Befehl wiederholen muss. Hingegen heißt es wieder: An
20 die Gewehre! Und das ist überzeugend; wir sollen nicht meinen, dass wir hier zuhause sind. Die Hochsprache, wenn

auch nur in Brocken[4] verwendbar, gibt dem Befehl eine gewisse Verschärfung, ohne dass der Befehlende brüllen[5] 25 muss. Ein Feldweibel[6], der als Zivilist nie Schriftsprache spricht, muss sich zudem selber etwas zusammenreißen, wenn er ruft: Abteilung (statt: Abteilig), Sammlung (statt Sammlig), und er 30 gewinnt Autorität, wie er sie als Zivilist in keinem Wirtshaus hat. Dann wieder gibt es Übergänge; ein Leutnant sagt: Rauchen gestattet! der Korporal leitet weiter: Rouche gschtattet! Ein Haupt- 35 mann[7], der vor einen Major tritt, sagt nicht D'Batterie isch parad! sondern er sagt: Herr Major, ich melde Batterie bereit! was wiederum den Höheren nicht zur Hochsprache nötigt; dieser 40 sagt: Guet. Das steht ihm zu[8], Heimatlichkeit von oben, die Mannschaft ist dankbar dafür, dass er kein deutscher Major ist.

---

[1]   pastors
[2]   *der Befehl* - order
[3]   sentry

---

[4]   chunks
[5]   *brüllen* - to yell
[6]   Swiss: Sergeant major
[7]   captain
[8]   *das steht ihm zu* - he is entitled to it

▶▶

Welche Rolle spielt Schweizerdeutsch in der Armee?

Was will Frisch damit sagen: „Die Mannschaft ist dankbar dafür, dass er kein deutscher Major ist."?

Welche Unterschiede merken Sie zwischen Schweizerdeutsch und Hochdeutsch?

Wie fühlt sich vielleicht ein schweizerischer Soldat, wenn er Hochdeutsch reden muss?

B. Meine Sprache

Sprechen Sie einen Dialekt?

Sprechen Sie anders an der Uni als zu Hause?

Benutzen Sie besondere Wörter, um zu zeigen, dass Sie einer Gruppe angehören?

C. Ein rechter Schweizer

Frisch beschreibt einen „rechten" Schweizer, d.h. einen echten, stereotypischen Schweizer.

Dienstbüchlein – Max Frisch

Was man damals wie heute einen rechten
Schweizer nannte: es gibt einfach Dinge, die
ein rechter Schweizer nicht tut, sein Haar kann
dabei blond oder schwarz sein, das sind nicht
5 seine Merkmale[1], Spitzkopf, Rundkopf usw., der
rechte Schweizer kann ganz verschieden ausseh-
en. Er muss nicht Turner[2] sein, Schützenkönig[3],
Schwinger[4] usw., doch etwas Gesundes gehört
zu ihm, etwas Männerhaftes. Er kann auch ein
10 dicker Wirt[5] sein; das Gesunde in der Denkart[6].
Meistens erscheint er als gesetzter[7] Mann,
meistens als Vorgesetzter[8], der auch von einem
Lehrling[9] verlangen kann, ein rechter Schweizer
zu sein. Was das ist, braucht man einem rechten
15 Schweizer nicht zu erklären. Er selber erkennt
sich als solcher. Ein rechter Schweizer ist einer
auch in Zivil, zum Beispiel am Stammtisch[10]. Es
hat auch nichts mit dem Einkommen zu tun. Der
rechte Schweizer kann Bankier sein, das muss
20 er aber nicht sein; auch als Hauswart[11] kann man
ein rechter Schweizer sein, als Lehrer.

Wer nicht wissen sollte, was ein rechter Schweizer ist, lernt es spätestens beim Militär. Die
rechten Schweizer sind die Mehrheit[12]. Nicht zu
25 vergessen die Auslandschweizer; manche jodeln
über viele Generationen. Man muss aber kein
Jodler sein, das sind wenige, wichtig bei Festen.
Maßgeblich[13] ist der Sinn fürs Alltägliche[14]. Der
rechte Schweizer lässt sich nicht auf Utopien
30 ein, weswegen er sich für realistisch hält. Die
Schweizergeschichte, so wie sie gelehrt wird,
hat ihm noch immer recht gegeben. Daher
hat er etwas Überzeugtes[15], ohne fanatisch zu
werden. Er gefällt sich als Schweizer, wenn er
35 mit anderen rechten Schweizern zusammen
ist, und solche gibt es auch in den Städten. Man

muss, um sich als rechter Schweizer zu fühlen,
nicht Bauer sein oder Sohn eines Bauern, doch
ein gewisser bäuerlicher[16] Zug (nicht bäurisch[17]!)
gehört zum rechten Schweizer, ob er Rechtsan- 40
walt oder Zahnarzt oder Beamter ist, mindestens
in seiner Redeweise[18] von Mann zu Mann. Ungern
erscheint er urban, der rechte Schweizer, wenn
er mit rechten Schweizern zusammen ist. Das
macht nicht unsere Mundart[19], diese sprechen 45
wir alle, die Mundart kann auch urban sein.

Manchmal hat man das Gefühl, der rechte
Schweizer verstelle sich[20], um als solcher erkannt
zu werden. Ausländer mögen ihn als grob-
schlächtig[21] empfinden, das stört[22] einen rechten 50
Schweizer überhaupt nicht, im Gegenteil; er ist
kein Höfling[23], macht keine Verbeugungen[24] usw.
Daher mag er's nicht, wenn er schriftdeutsch

---

1   characteristics
2   gymnast
3   champion marksman
4   Swiss wrestler
5   barkeeper
6   way of thinking
7   sedate
8   one in authority
9   apprentice
10 regular table in pub
11 janitor
12 majority
13 decisive, critical
14 every day life
15 convinced

16 rural
17 coarse, mean
18 way of speaking
19 dialect
20 *sich verstellen* - to pretend
21 heavily-built; unrefined
22 to bother
23 courtier
24 bowing

▶▶

antworten soll; das macht ihn unterwürfig[25] und grämlich[26]. Dabei hat der rechte Schweizer 55 kein Minderwertigkeitsgefühl[27], er wüsste nicht wieso. Das Gesunde in der Denkart: eine gewisse Bedächtigkeit[28], alles schnellere Denken wirkt[29] sofort unglaubwürdig. Er steht auf dem Boden der Tatsachen, hemdärmlig[30] und ohne Leichtig- 60 keit[31]. Da der rechte Schweizer eben sagt, was er denkt, schimpft[32] er viel und meistens im Einver- ständnis[33] mit anderen; daher fühlt er sich frei. Er redet, als nähme er kein Blatt vor den Mund[34]. Wie gesagt: kein Höfling. Er weiß, dass man sich 65 auf ihn verlassen[35] kann.

---

[25] obsequious
[26] sullen
[27] feeling of inferiority
[28] deliberateness
[29] *wirken* - to seem, come across as
[30] down-to-earth
[31] *ohne Leichtigkeit* - serious
[32] *schimpfen* - to curse, scold
[33] agreement
[34] *kein Blatt vor den Mund nehmen* - to speak one's mind
[35] *sich verlassen auf* - to rely on

Welche Eigenschaften hat ein „rechter Schweizer"?

Welche Eigenschaften gehören nicht unbedingt zum „rechten Schweizer"?

Ist der „rechte Schwei- zer" eher wie ein Bauer oder wie ein Städter?

Warum will ein rechter Schweizer kein Hochdeutsch reden?

Ist Frischs Beschrei- bung des „rechten Schweizers" kritisch gemeint? Warum oder warum nicht?

D. Neutralität

Frisch erzählt von seiner Zeit bei der Armee während des 2. Weltkriegs.

Dienstbüchlein – Max Frisch

Ein irres[1] Flugzeug in den Bergen nachts. Offenbar suchte es die Piste von Samedan[2], die aber finster blieb. Nacht mit Sternen. Einmal tiefer, dann wieder höher kreiste[3] es
5 und kreiste, verschwand hinter einem nahen Berg. Stille; ich vermutete, dass es irgendwo am Albula[4] zerschellt war. Nach einer Viertelstunde hörte ich es wieder. Wie eine irre Wespe. Ich stand Wache vor einem Schulhaus, wo die
10 Mannschaft schlief. Sein Gebrumm, dazu gab es Blinkzeichen. Ein verirrter Brite? Ein Deserteur mit Messerschmitt? Die Dörfer waren verdunkelt, das Tal schwarz. Wusste der Pilot, wo er sich befand? Einmal kam die Maschine
15 ganz niedrig, ohne dass der Typ[5] zu erkennen war. Der Wachmeister, dem ich inzwischen den Vorgang[6] gemeldet hatte, fand nicht, dass es uns etwas angehe[7]; ich hatte Befehl, das Schulhaus zu bewachen, nichts weiter. Es blieb rätselhaft.
20 Je niedriger die Maschine kreiste im Tal, umso gefährlicher für sie; ein Ortskundiger[8] hätte es

---

[1] confused, lost
[2] Samedan has the highest-altitude airport in Europe (over 1700 meters)
[3] *kreisen* - to circle
[4] alpine region in Switzerland
[5] aircraft make
[6] occurrence
[7] *etwas angehen* - to be a concern
[8] someone who knows the region

kaum gewagt. Zeitweise hörte ich nur den Motor. Keine Schüsse. Dann wieder die Blinkzeichen. Mindestens eine Stunde lang. Schließlich kam die Maschine nicht mehr—Verständlich aus 25 dem Mund des Bundesrates[9], der Adolf Hitler nicht verstimmen[10] durfte, die Formel: Wer auch immer die Neutralität unsres Landes verletzen sollte—.

---

[9] Executive Council of Switzerland
[10] *verstimmen* - to put in a bad mood

Fassen Sie in drei Sätzen zusammen, was in dieser Geschichte passiert ist.

Warum waren die Dörfer und die Piste verdunkelt?

Warum ist der Flieger herumgeflogen?

Warum haben die Soldaten dem Piloten nicht geholfen?

E. Flüchtlinge

In welchen Regionen der Welt sind Flüchtlinge heute ein Thema? Würden Sie gerne Flüchtlinge bei sich zu Hause aufnehmen? Warum oder warum nicht?

F. Schweizer Neutralität

Die Schweizer Neutralität begann im 16. Jahrhundert. Die drei wichtigsten Merkmale Schweizer Neutralität sind ihr permanenter Charakter, die Tatsache, dass die Schweiz ihren neutralen Status
5 selbst freiwillig bestimmte[1] (im Gegensatz zu Österreich z.B.), und auch dass die Schweiz trotz ihrer Neutralität eine bewaffnete Milizarmee hat. Das Neutralitätsprinzip bedingt in gewissem Maße sowohl die relative Bereitschaft[2] der Schweiz,
10 Flüchtlinge aus anderen Ländern aufzunehmen, als auch den Widerwillen[3], ihre restriktive Einbürgerungspolitik zu ändern.

Die Schweiz nahm weder am Ersten noch am Zweiten Weltkrieg teil. Viele Flüchtlinge aus anderen
15 europäischen Ländern und aus Russland haben in der Schweiz Zuflucht[4] gefunden, politische Asylanten wie Lenin und Trotzki sowie Tausende von Kriegsflüchtlingen. Im Zweiten Weltkrieg mussten sich Schweizer auf einen möglichen Angriff von
20 Hitler vorbereiten[5]. Obwohl die Schweiz eine große Zahl von Flüchtlingen aus Deutschland aufnahm, wurden viele andere zurück- oder ausgewiesen und somit zum Tode verurteilt[6]. Um gute wirtschaftliche Beziehungen mit dem Dritten Reich weiterführen
25 zu können, versuchten die Schweizer Behörden[7] vor allem die Einreise[8] für deutsche Juden zu ver-

hindern, die in ihren Reisepässen den befürchteten Stempel "J" haben mussten. Erst nach zahlreichen Protesten seitens Schweizer Intellektuellen – und nachdem es klar wurde, dass Hitler den Krieg verlor 30 – wurden die Ausweisungen der jüdischen Flüchtlinge eingestellt[9]. Die Deserteure aus kämpfenden Armeen wurden interniert und für den Aufbau des Landes sowie in der Landwirtschaft eingesetzt[10].

---

[9] *einstellen* - to cease
[10] *einsetzen* - to employ

---

[1] *bestimmen* - to determine
[2] willingness, ability
[3] aversion
[4] refuge
[5] *sich vorbereiten auf* - to prepare for
[6] *verurteilen* - to condemn
[7] officials
[8] entry

1. Wie lange ist die Schweiz schon neutral?

2. Was sind die drei Merkmale der Schweizer Neutralität?

3. Was sind gute Gründe, einen Menschen als Flüchtling in ein Land einzulassen?

4. Warum hat die Schweiz nicht alle Flüchtlinge im 2. Weltkrieg aufgenommen?

5. Was sind Vorteile und Nachteile einer lockeren Flüchtlingspolitik?

6. Was sind Vorteile und Nachteile einer strengen Flüchtlingspolitik?

7. Was denken Sie: Ist die Schweiz stolz auf ihre Neutralität im 2. Weltkrieg? Warum oder warum nicht?

A. Die Figuren

Sie lesen einen Auszug aus dem Theaterstück „Besuch der alten Dame" von Friedrich Dürrenmatt. Es werden am Anfang verschiedene Personen vorgestellt. Was assoziieren Sie mit ihnen? Schreiben Sie für jede Person drei Adjektive oder Phrasen.

eine Milliardärin

der Butler der Milliardärin

zwei Leibwächter[1] der Milliardärin

der Bürgermeister eines kleinen, armen Dorfes

zwei Eunuchen[2]

---

[1] bodyguards
[2] eunuchs

B. Erwartungen

Eine reiche alte Frau kehrt in das Städtchen Güllen zurück, in dem sie aufgewachsen ist. Die ganze Stadt feiert ihre Ankunft. Die Bürger veranstalten ein Festessen, zu dem alle eingeladen sind. Worauf hoffen die Bürger? Was erwarten sie vom Besuch dieser alten Dame?

der Bürgermeister des verarmten* Städtchens   * impoverished

der ehemalige Liebhaber* der Milliardärin, Alfred Ill, der in Güllen wohnt   * lover

die Bürger von Güllen

Warum ist die Milliardärin Claire Zachanassian in ihre Heimatstadt zurückgekehrt?

C. Willkommen!

Die Stadt feiert Claire Zachanassians Ankunft. Der Bürgermeister hält eine Rede vor dem Publikum.

DER BÜRGERMEISTER: Gnädige[1] Frau, meine lieben Güllener[2]. Es sind jetzt fünfundvierzig Jahre her, dass Sie unser Städtchen verlassen haben, welches vom Kurfürsten Hasso dem Noblen gegründet,
5 so freundlich zwischen dem Konradsweilerwald und der Niederung von Pückenried gebettet liegt. Fünfundvierzig Jahre, mehr als vier Jahrzehnte, eine Menge Zeit. Vieles hat sich inzwischen ereignet[3], viel Bitteres. Traurig ist es der Welt ergangen,
10 traurig uns. Doch haben wir Sie, gnädige Frau – unsere Kläri – *Beifall* – nie vergessen. Weder Sie, noch Ihre Familie. Die prächtige[4], ungesunde Mutter – *Ill flüstert ihm etwas zu* – leider allzufrüh von einer Lungenschwindsucht dahingerafft,
15 der volkstümliche[5] Vater, der beim Bahnhof ein von Fachkreisen[6] und Laien stark besuchtes – *Ill flüstert ihm etwas zu* – stark beachtetes[7] Gebäude errichtete, leben in Gedanken noch unter uns, als unsere besten, wackersten[8]. Und gar Sie, gnädige
20 Frau – als blond – *Ill flüstert ihm etwas zu* – rotgelockter Wildfang[9] tollten Sie durch unsere nun leider verlotterten[10] Gassen – wer kannte Sie nicht. Schon damals spürte[11] jeder den Zauber[12] Ihrer Persönlichkeit, ahnte[13] den kommenden Aufstieg zu der
25 schwindelnden[14] Höhe der Menschheit. *Er zieht das Notizbüchlein hervor.* Unvergessen sind Sie geblieben. In der Tat. Ihre Leistung in der Schule wird noch jetzt von der Lehrerschaft als Vorbild[15] hingestellt, waren Sie doch besonders im wichtigsten Fach erstaunlich[16], in der Pflanzen- und Tierkunde, als 30 Ausdruck Ihres Mitgefühls[17] zu allem Kreatürlichen, Schutzbedürftigen[18]. Ihre Gerechtigkeitsliebe[19] und Ihr Sinn für Wohltätigkeit[20] erregte schon damals die Bewunderung[21] weiter Kreise. *Riesiger Beifall.* Hatte doch unsere Kläri einer armen alten Witwe[22] Nah- 35 rung[23] verschafft, indem sie mit ihrem mühsam bei Nachbarn verdienten Taschengeld Kartoffeln kaufte und sie so vor dem Hungertode bewahrte[24], um nur eine ihrer barmherzigen Handlungen zu erwähnen. *Riesiger Beifall.* Gnädige Frau, liebe Güllener, die 40 zarten[25] Keime[26] so erfreulicher Anlagen[27] haben sich denn nun kräftig entwickelt, aus dem rotgelockten Wildfang wurde eine Dame, die die Welt mit ihrer Wohltätigkeit überschüttet[28], man denke nur an ihre Sozialwerke, an ihre Müttersanatorien und Suppen- 45 anstalten, an ihre Künstlerhilfe und Kinderkrippen[29], und so möchte ich der nun Heimgefundenen[30] zurufen: Sie lebe hoch, hoch, hoch! *Beifall.*

1 dear
2 citizens of Güllen
3 *sich ereignen* - to happen
4 magnificent
5 popular
6 experts
7 much-noticed
8 bravest
9 tomboy
10 *verlottern* - to go to rack
11 *spüren* - to sense
12 magic
13 *ahnen* - to foresee
14 dizzying
15 good example
16 amazing
17 empathy
18 in need of protection
19 love for justice
20 charity
21 admiration
22 widow
23 food
24 *bewahren* - to save
25 tender
26 shoots
27 talents, tendencies
28 *überschütten* - to shower
29 daycare centers
30 someone who has found their way home

1. Was erfahren wir über Claires Vater?

2. Was erfahren wir über Claires Mutter?

3. Was erfahren wir über Claire?

4. Woran erkennen wir, dass der Bürgermeister die Frau nicht so gut kennt?

5. Sagt der Bürgermeister die Wahrheit? Warum oder warum nicht?

D. Unter einer Bedingung

Claire Zachanassian erhebt sich.

50 CLAIRE ZACHANASSIAN: Bürgermeister, Güllener. Eure selbstlose Freude über meinen Besuch rührt[1] mich. Ich war zwar ein etwas anderes Kind, als ich nun in der Rede des Bürgermeisters vorkomme, in der Schule wurde ich geprügelt[2], und die Kartoffeln

55 für die Witwe Boll habe ich gestohlen, gemeinsam mit Ill, nicht um die alte Kupplerin[3] vor dem Hungertode zu bewahren, sondern um mit Ill einmal in einem Bett zu liegen, wo es bequemer war als im Konradsweilerwald oder in der Peterschen Scheu-

60 ne[4]. Um jedoch meinen Beitrag[5] an eure Freude zu leisten, will ich gleich erklären, dass ich bereit bin, Güllen eine Milliarde zu schenken. Fünfhundert Millionen der Stadt und fünfhundert Millionen verteilt auf jede Familie.

65 *Totenstille.*

DER BÜRGERMEISTER *stotternd*: Eine Milliarde.

Alle immer noch in Erstarrung.

CLAIRE ZACHANASSIAN: Unter einer Bedingung[6].

Alle brechen in einen unbeschreiblichen Jubel aus.
70 *Tanzen herum, stehen auf die Stühle, der Turner[7] turnt usw. Ill trommelt sich begeistert auf die Brust.*

ILL: Die Klara! Goldig! Wunderbar! Zum Kugeln! Voll und ganz mein Zauberhexchen!

75 *Er küsst sie.*

DER BÜRGERMEISTER: Unter einer Bedingung, haben gnädige Frau gesagt. Darf ich diese Bedingung wissen?

CLAIRE ZACHANASSIAN: Ich will die Bedingung
80 nennen. Ich gebe euch eine Milliarde und kaufe mir dafür die Gerechtigkeit[8].

---

[1] *rühren* - to touch
[2] *prügeln* - to beat, spank
[3] procuress (female pimp)
[4] barn
[5] contribution
[6] condition
[7] gymnast
[8] justice

1. Hat der Bürgermeister Claire richtig beschrieben? Was sagt Claire dazu?

2. Will Claire eine Milliarde der Stadt schenken oder etwas für eine Milliarde kaufen?

3. Was meinen Sie: Was ist die Bedingung?

4. „Man kann alles kaufen." Denken Sie das auch? Warum oder warum nicht?

Totenstille.

DER BÜRGERMEISTER: Wie ist dies zu verstehen, gnädige Frau?

85 CLAIRE ZACHANASSIAN: Wie ich es sage.

DER BÜRGERMEISTER: Die Gerechtigkeit kann man doch nicht kaufen!

CLAIRE ZACHANASSIAN: Man kann alles kaufen.

DER BÜRGERMEISTER: Ich verstehe immer noch
90 nicht.

CLAIRE ZACHANASSIAN: Tritt vor, Boby.

Der Butler tritt von rechts in die Mitte zwischen die drei Tische, zieht die dunkle Brille ab.

DER BUTLER: Ich weiß nicht, ob mich noch jemand
95 von euch erkennt.

DER LEHRER: Der Oberrichter[9] Hofer.

DER BUTLER: Richtig. Der Oberrichter Hofer. Ich war vor fünfundvierzig Jahren Oberrichter in Güllen und kam dann ins Kaffiger Appellationsgericht, bis mir
100 vor nun fünfundzwanzig Jahren Frau Zachanassian das Angebot machte, als Butler in ihre Dienste zu treten. Ich habe angenommen. Eine für einen Akademiker vielleicht etwas seltsame Karriere, doch die angebotene Besoldung[10] war derart phantastisch…

105 CLAIRE ZACHANASSIAN: Komm zum Fall, Boby.

DER BUTLER: Wie ihr vernommen habt, bietet Frau Claire Zachanassian eine Milliarde und will dafür Gerechtigkeit. Mit anderen Worten: Frau Claire Zachanassian bietet eine Milliarde, wenn ihr das
110 Unrecht wieder gut macht, das Frau Zachanassian in Güllen angetan wurde. Herr Ill, darf ich bitten.

Ill steht auf, bleich, gleichzeitig erschrocken und verwundert.

---

[9] high court judge
[10] pay

E. Der Fall

ILL: Was wollen Sie von mir?

115 DER BUTLER: Treten Sie vor, Herr Ill.

ILL: Bitte.

Er tritt vor den Tisch rechts. Lacht verlegen. Zuckt die Achseln.

DER BUTLER: Es war im Jahre 1910. Ich war Ober-
120 richter in Güllen und hatte eine Vaterschaftsklage[11] zu behandeln. Claire Zachanassian, damals Klara Wäscher, klagte Sie, Herr Ill, an, der Vater ihres Kindes zu sein.

Ill schweigt.

125 DER BUTLER: Sie bestritten damals die Vaterschaft, Herr Ill. Sie hatten zwei Zeugen mitgebracht.

ILL: Alte Geschichten. Ich war jung und unbesonnen.

CLAIRE ZACHANASSIAN: Führt Koby und Loby vor, Toby und Roby.

130 *Die beiden Kaugummi kauenden Monstren führen die beiden blinden Eunuchen in die Mitte der Bühne, die sich fröhlich an der Hand halten.*

DIE BEIDEN: Wir sind zur Stelle, wir sind zur Stelle!

DER BUTLER: Erkennen Sie die beiden, Herr Ill?

135 *Ill schweigt.*

DIE BEIDEN: Wir sind Koby und Loby, wir sind Koby und Loby.

ILL: Ich kenne sie nicht.

DIE BEIDEN: Wir haben uns verändert, wir haben uns
140 verändert.

DER BUTLER: Nennt eure Namen.

DER ERSTE: Jakob Hühnlein. Jakob Hühnlein.

DER ZWEITE: Ludwig Sparr, Ludwig Sparr.

DER BUTLER: Nun, Herr Ill.

145 ILL: Ich weiß nichts von ihnen.

DER BUTLER: Jakob Hühnlein und Ludwig Sparr, kennt ihr Herrn Ill?

---

[11] paternity suit

Beschreiben Sie den Fall vor 45 Jahren. Wer waren der Richter, der Angeklagte, die Klägerin und die Zeugen?

DIE BEIDEN: Wir sind blind, wir sind bind.

DER BUTLER: Kennt ihr ihn an seiner Stimme?

DIE BEIDEN: An seiner Stimme, an seiner Stimme.   150

DER BUTLER: 1910 war ich der Richter und ihr die Zeugen. Was habt ihr geschworen, Ludwig Sparr und Jakob Hühnlein, vor dem Gericht zu Güllen?

DIE BEIDEN: Wir hätten mit Klara geschlafen, wir hätten mit Klara geschlafen.   155

DER BUTLER: So habt ihr vor mir geschworen. Vor dem Gericht, vor Gott. War dies die Wahrheit?

DIE BEIDEN: Wir haben falsch geschworen, wir haben falsch geschworen.

DER BUTLER: Warum, Ludwig Sparr und Jakob 160 Hühnlein?

DEI BEIDEN: Ill hat uns bestochen[12], Ill hat uns besto-chen.

DER BUTLER: Womit?

DIE BEIDEN: Mit einem Liter Schnaps, mit einem 165 Liter Schnaps.

---

[12] *bestechen* - to bribe

F. Gerechtigkeit

CLAIRE ZACHANASSIAN: Erzählt nun, was ich mit euch getan habe, Koby und Loby.

DER BUTLER: Erzählt es.

170 DIE BEIDEN: Die Dame ließ uns suchen[1], die Dame ließ uns suchen.

DER BUTLER: So ist es. Claire Zachanassian ließ euch suchen. In der ganzen Welt. Jakob Hühnlein war nach Kanada ausgewandert und Ludwig Sparr nach
175 Australien. Aber sie fand euch. Was hat sie dann mit euch getan?

---

[1] *jemand suchen lassen* - to look for someone

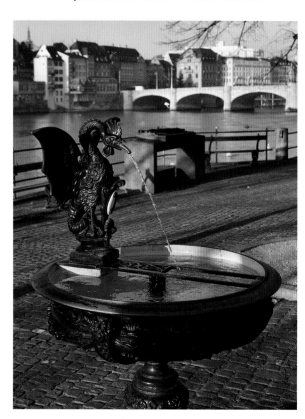

Worum geht es in dem Fall?

War Claire Zachanassians Bestrafung für die falschen Zeugen gerecht? Warum oder warum nicht?

DIE BEIDEN: Sie gab uns Toby und Roby. Sie gab uns Roby und Toby.

DER BUTLER: Und was haben Toby und Roby mit euch gemacht? 180

DIE BEIDEN: Kastriert und geblendet, kastriert und geblendet.

DER BUTLER: Dies ist die Geschichte: Ein Richter, ein Angeklagter[2], zwei falsche Zeugen, ein Fehlurteil[3] im Jahre 1910. Ist es nicht so, Klägerin[4]? 185

Claire Zachanassian steht auf.

CLAIRE ZACHANASSIAN: Es ist so.

ILL *stampft auf den Boden:* Verjährt[5], alles verjährt! Eine alte, verrückte Geschichte.

DER BUTLER: Was geschah mit dem Kind, Klägerin? 190

CLAIRE ZACHANASSIAN *leise:* Es lebte ein Jahr.

DER BUTLER: Was geschah mit Ihnen?

CLAIRE ZACHANASSIAN: Ich wurde eine Dirne[6].

DER BUTLER: Weshalb?

CLAIRE ZACHANASSIAN: Das Urteil[7] des Gerichts 195 macht mich dazu.

DER BUTLER: Und nun wollen Sie Gerechtigkeit, Claire Zachanassian?

CLAIRE ZACHANASSIAN: Ich kann sie mir leisten[8]. Eine Milliarde für Güllen, wenn jemand Alfred Ill 200 tötet.

---

[2] defendant
[3] miscarriage of justice
[4] plaintiff
[5] past statute of limitations
[6] prostitute
[7] judgment; decision
[8] *sich etw. leisten* - to afford something

Beschreiben Sie Claire Zachanassians Idee von Gerechtigkeit. Ist Zachanassians Bedingung gerecht? Darf man so etwas verlangen?

Vergleichen Sie die junge Kläri/Klara mit der alten Dame Claire. Welche Ähnlichkeiten und Unterschiede können Sie feststellen? Hat Claire sich verändert?

G. Interpretation und Nachdenken

1. Woran sind folgende Personen schuld?

   Alfred Ill

   Jakob Hühnlein und Ludwig Sparr

   Toby und Roby

   der Oberrichter

   Claire Zachanassian

2. Wie kann man das Stück als Kritik verstehen:

   an der Identität und Geschichte der Schweiz?

   an der modernen Gesellschaft?

   an der menschlichen Natur?

3. Friedrich Dürrenmatt schreibt: „**Der Besuch der alten Dame** ist eine Geschichte, die sich irgendwo in Mitteleuropa ereignet, geschrieben von einem, der sich von diesen Leuten durchaus nicht distanziert und der nicht so sicher ist, ob er anders handeln würde.“

   Würden Sie anders als Claire Zachanassian handeln?

   Würden Sie anders als Alfred Ill vor 45 Jahren handeln?

   Wie würden Sie als Bürger oder Bürgerin von Güllen auf Claire Zachanassians Angebot reagieren?

4. Stellen Sie sich vor: Sie sind eine von diesen Personen und stehen jetzt auf und halten eine Rede vor dem Publikum. Was sagen Sie?

   Alfred Ill

   der Bürgermeister

   der Lehrer, der immer moralisch handeln will

A. Minne – „Under der linden"

1. Was sind vier Merkmale eines idealen Liebesverhältnisses?

2. Was sind die Merkmale der mittelalterlichen Liebesverhältnisse wie sie in der Artussage, in der Tragödie über Romeo und Julia von Shakespeare oder im Roman „Der Herr der Ringe" von Tolkien widerspiegelt werden?

3. Vergleichen Sie ein ideales Liebesverhältnis heute mit dem idealisierten Liebesverhältnis aus dem Mittelalter.

Im Mittelalter	sollte der Mann …
Heutzutage	soll die Frau …
Die Liebe	basiert auf …
Die Liebe	bleibt meistens unerfüllt.
	wird meistens erfüllt.

Im Vergleich dazu ist das Liebesverhältnis in der Artussage / in der Tragödie über Romeo und Julia von Shakespeare / im Roman „Der Herr der Ringe" von Tolkien …

Under der linden - Walther von der Vogelweide

Mittelhochdeutsch	Neuhochdeutsch
Under der linden	Unter der Linde[1],
an der heide,	auf der Heide[2],
dâ unser zweier bette was,	da unser beider Lager[3] war,
dâ mugt ir vinden	da könnt ihr schön
5 schône beide	5 gebrochen finden
gebrochen bluomen unde gras.	die Blumen und das Gras.
vor dem walde in einem tal,	Vor dem Wald in einem Tal[4] -
tandaradei,	tandaradei -
schône sanc diu nahtegal.	sang schön die Nachtigall.
10 Ich kam gegangen	10 Ich kam gegangen
zuo der ouwe:	zu der Aue[5]:
dô was mîn friedel komen ê.	da war mein Liebster schon gekommen.
dâ wart ich empfangen,	Da ward ich empfangen[6] -
hêre frouwe,	Gnädige[7] Jungfrau! -,
15 daz ich bin sælic iemer mê.	15 dass ich für immer glücklich bin.
kuster mich? wol tûsentstunt:	Ob er mich küsste? Wohl tausendmal:
tandaradei,	tandaradei -
seht wie rôt mir ist der munt.	seht, wie rot ist mir der Mund!

[1] tree with heart shaped leaves
[2] heath
[3] bed
[4] valley
[5] meadow
[6] *empfangen* - to receive
[7] gracious

Dô het er gemachet
20 alsô rîche
von bluomen eine bettestat.
des wirt noch gelachet
inneclîche,
kumt iemen an daz selbe pfat.
25 bî den rôsen er wol mac,
tandaradei,
merken wâ mirz houbet lac.

Daz er bî mir læge,
wessez iemen
30 (nu enwelle got!), sô scham ich mich.
wes er mit mir pflæge,
niemer niemen
bevinde daz, wan er unde ich,
und ein kleinez vogellîn:
35 tandaradei,
daz mac wol getriuwe sîn.

Da hat er gemacht
20 so prächtig[8]
ein Bett von Blumen.
Da lacht noch mancher
herzlich,
kommt er jenen Pfad[9] daher.
25 An den Rosen mag er wohl -
tandaradei -
merken[10], wo das Haupt mir lag.

Dass er bei mir lag -
wüsste es jemand[11]
30 (das verhüte[12] Gott!), so schämte ich mich.
Wie er mit mir war,
niemals, niemand
erfahre[13] das als er und ich
und ein kleines Vögelchen,
35 tandaradei -
das kann wohl verschwiegen[14] sein.

---

[8] glorious
[9] path
[10] merken - to notice
[11] wüsste das jemand - if anyone knew that!
[12] verhüten - to prevent
[13] erfahren - to find out
[14] verschweigen - to keep silent

4. Fassen Sie in drei Sätzen zusammen, was in diesem Gedicht passiert.

5. Beschreiben Sie in drei Sätzen die Gefühle der Erzählerin.

6. Sehen wir hier eine erfüllte oder eine unerfüllte Liebe?

B. Perspektivenwechsel

Wählen Sie eine von diesen Meinungen und schreiben Sie drei Sätze mit Beispielen aus dem Text, die Ihre Aussagen unterstützen.

Dieses Gedicht könnte heute ein Poplied sein, denn die Geschichte ist zeitlos.

Dieses Gedicht würde heute nicht populär werden, weil man merkt, dass die Perspektiven nicht modern sind.

Älteste Linde auf dem Stadtwall Gepflanzt um 1765

C. Glauben – Das fließende Licht der Gottheit

1. Was sind bekannte Metaphern für das menschliche Verhältnis zu einem Gott oder zu einer Göttin?

2. Nennen Sie vier Substantive und vier Adjektive, die viele Amerikaner mit „Gott" verbinden.

3. Welche Assoziationen mit „Gott" kennen Sie aus anderen Kulturen?

Das fließende Licht der Gottheit – Mechthild von Magdeburg

Mittelhochdeutsch	Neuhochdeutsch
Du lúhtest in die sele min	Du leuchtest[1] in meine Seele,
als dú sunne gegen dem golde.	wie die Sonne auf das Gold.
Swenne ich muos ruowen in dir, herre	Wenn ich in dir ruhen[2] darf, o Herr,
so ist min wunne manigvalt.	so ist meine Glückseligkeit[3] groß.
Du kleidest dich mit der sele min	Du kleidest dich mit meiner Seele,
und du bist ovch ir nehstes cleit.	und du bist auch ihr innerstes Kleid.
Das da ein scheiden muos geschehen –	Dass da geschieden[4] werden muss –
joch envant ich nie groesser herzeleit!	ich kenne wahrlich kein größeres Herzeleid[5]!
Woeltist du mich serer minnen,	Wolltest du mich überwältigender[6] lieben,
so keme ich sicher von hinnan,	so käme ich[7] gewiss dorthin,
da ich dich ane underlas nach wúnsche moehte	wo ich dich nach meinem Wunsch ununterbrochen lieben könnte.

---

1 *leuchten* - to shine a light
2 *ruhen* - to rest
3 bliss, blessedness
4 divided
5 sorrow of heart
6 more overpoweringly
7 *so käme ich* - so I would come

4. Beschreiben Sie diese Metaphern aus dem Gedicht:
   a) die Sonne
   b) kleiden und Kleid

5. Ist das ein Liebesgedicht? Begründen Sie Ihre Antwort.

In der Sonne-Metapher ist die Sonne (wie) …

Durch diese Metapher will die Dichterin sagen, dass …

Dieses Gedicht ist (k)ein Liebesgedicht.

Ich verbinde mit Liebesgedichten … , … und …

Wenn ich an (einen) Gott/an eine große Liebe denke, denke ich an …

Wenn die Dichterin über Gott dichtet, denkt sie an …

D. Texte vergleichen

Vergleichen Sie die zwei Verhältnisse in „Under der linden" und „Das fließende Licht".

In beiden Gedichten sehen wir ein … Verhältnis zwischen dem Erzähler und dem Anderen.

In „Under der linden" ist der Erzähler deutlich …

In „Das fließende Licht" spricht der Erzähler viel von …

Die Worte stellen … dar / … deuten auf … hin.

E. Kämpfen - Kreuzlied

1. Welche Assoziationen haben Sie mit „Kreuzzug"?

2. Was meinen Sie: Warum haben so viele im Mittelalter an Kreuzzügen teilgenommen?

3. Was wären moderne „Kreuzzüge"?

4. Wofür wären Sie bereit zu sterben?

Mîn herze und mîn lîp die wellent scheiden – Friedrich von Hausen

Mittelhochdeutsch

Mîn herze und mîn lîp diu wellent scheiden,
die mit ein ander wâren nû manige zît.
der lîp wil gerne vehten an die heiden,
iedoch dem herzen ein wîp sô nâhen lît
vor al der werlt. daz müet mich iemer sît,
daz si ein ander niht volgent beide.
mir habent diu ougen vil getân zu leide,
got eine müeze scheiden noch den strît.

Neuhochdeutsch

Mein Herz und mein Leib[1], die wollen sich trennen[2]
die nun schon manche Zeit beisammen waren.
Der Leib will gerne kämpfen gegen die Heiden[3],
jedoch dem Herzen stehe eine Frau so nahe
vor aller Welt. Das quält[4] mich seitdem immerfort,
dass sie beide nicht einander folgen.
Mir haben die Augen viel zuleide getan.
Gott alleine könnte den Streit noch schlichten[5].

[1] body
[2] *trennen* - to separate
[3] heathen
[4] *quälen* - to torture
[5] *den Streit schlichten* - to reconcile the conflict

5. Der Erzähler beschreibt einen inneren Konflikt. Welchen?

6. Worauf hofft der Erzähler? Wie ist sein innerlicher Konflikt zu lösen?

Der Erzähler hofft darauf, dass …

7. Was meinen Sie: Wie entscheidet sich der Erzähler? Geht er oder bleibt er bei seiner Geliebten? Warum?

Ich bin der Meinung, dass der Erzähler …

8. Was glauben Sie: Wie endet dieses mittelalterliche Gedicht?

F. Heldenepos – das Nibelungenlied

Das Nibelungenlied: Zusammenfassung und Auszug

Siegfried verliebt sich in Kriemhild, die Schwester des burgundischen Königs, aber er bekommt sie nur dann zur Frau, wenn er den König Gunther bei der Werbung um die isländische Königin Brünhild unterstützt[1]. Gunther gewinnt Brünhild zur Frau, aber nur mit Siegfrieds Hilfe. Siegfried bleibt bei dieser Angelegenheit[2] ein treuer Vasall des Königs. Dabei müssen die zwei Herren die Rollen heimlich[3] tauschen, was Jahre später zum Rangstreit[4] zwischen Kriemhild und Brünhild und zur öffentlichen Beleidigung[5] der burgundischen Königin führt.

Diesen Konflikt löst Hagen, Ratgeber des Königs Gunther, mit dessen Einverständnis durch die heimtückische[6] Ermordung Siegfrieds. Er täuscht Kriemhild, indem er sagt, er wolle Siegfried schützen. Sie verrät[7] ihm die einzige Stelle, wo Siegfried verwundbar ist. Und kurz darauf ermordet Hagen den immer noch treuen Siegfried.

[1] *unterstützen* - to support
[2] affair
[3] secretly
[4] conflict over status
[5] *öffentliche Beleidigung* - public insult
[6] malicious
[7] *verraten* - to betray, reveal

Was muss Siegfried machen, um Kriemhild zur Frau zu bekommen?

Welches Problem gibt es später?

Warum verrät Kriemhild, wo ihr Mann verwundbar ist?

Warum ermordet Hagen Siegfried?

G. Der Tod Siegfrieds

Viele Herren des Königshauses jagen im Wald und kommen zu einer Quelle*. Alle haben Durst. Hier ist die Szene (Strophen 993-1002, Neuhochdeutsch), in der Hagen Siegfried tötet.

           * *fountain, spring*

Die Tugenden Siegfrieds waren übergroß.
Den Schild legt er nieder, wo die Quelle floß.
Wie sehr ihn auch dürstete, nichts der Held doch trank,
bevor der König käme. Das deuchte Siegfried gar lang.

Kühl war der Brunnen[1], lauter und gut.
Da legte sich Gunter nieder an die Flut[2];
mit dem Mund das Wasser des Baches[3] trank er nun.
Sie dachten, dass auch Siegfried nach ihm dasselbe würde tun.

Seine Zucht entgalt er[4]. Den Bogen und das Schwert[5]
trug beiseite Hagen von dem Degen[6] wert.
Dann lief zurück er wieder, wo den Ger[7] er fand.
Er sah nach dem Kreuze an des Königs Gewand[8].

Da der kühne Siegfried aus der Quelle trank,
warf er den Ger durch das Kreuzlein, dass aus der Wunde sprang
das Blut von seinem Herzen bis an Hagens Hemd
Solche schwere Untat[9] ist jedem andern Degen fremd.

---

[1] well
[2] flow (of water)
[3] brook
[4] *Seine Zucht entgalt er* - He payed for his good upbringing
[5] sword
[6] warrior
[7] spear
[8] clothing
[9] misdeed

„Wie sehr ihn auch dürstete,
nichts der Held doch trank,
bevor der König käme."
Was verraten uns diese
Zeilen über den Charakter
Siegfrieds?

„Solche schwere Untat ist
jedem andern Degen fremd."
Was sagt uns diese Zeile
über Hagens Charakter?

Was meinen Sie: Hat Hagen
heldenhaft gehandelt?
Warum oder warum nicht?

A. Meinungsaustausch

1. Ich finde es in Ordnung, wenn Leute dafür zahlen, dass andere Folgendes für sie machen:

Auto waschen	kochen
einen Hund ausführen	Hausarbeiten schreiben
Steuererklärungen machen	zu Gott beten
Wäsche waschen	denken
Tiere schlachten	Kinder bekommen

2. Was ist wichtiger? Begründen Sie Ihre Wahl.

Idealen zu folgen oder immer pragmatisch zu handeln

meine Hausaufgaben zu machen oder die Bücher zu lesen, die ich für interessant halte

ein gutes Einkommen zu haben oder ehrenamtliche* Arbeit zu leisten   * volunteer

für sich selbst zu denken oder anderen zu gehorchen

B. Fabel – Vom Frosch und der Maus

Sie lesen jetzt eine Fabel. Woran erkennt man, dass es eine Fabel ist?

Vom Frosch und der Maus – Martin Luther

Eine Maus wäre gerne über einem Wasser gewesen und konnte nicht und bat einen Frosch um Hilfe. Der Frosch war ein Schalk[1] und sprach zur Maus: „Binde deinen Fuß an meinen Fuß, so will ich schwimmen und dich hinüberziehen."

Da sie aber auf das Wasser kamen, tauchte[2] der Frosch hinunter und wollte die Maus ertränken. Indem aber die Maus sich wehrt[3] und arbeitet, fliegt eine Weihe[4] daher und erhascht[5] die Maus, zieht den Frosch auch mit heraus und frisst sie beide.

[1] scoundrel
[2] *tauchen* - to dive, go under water
[3] *sich wehren* - to defend oneself
[4] harrier (bird of prey)
[5] *erhaschen* - to seize

Geht es in der Fabel hauptsächlich um die Bosheit des Frosches, die Dummheit der Maus oder die Gefährlichkeit der Weihe?

Was lernt man aus dieser Fabel?

C. Stadtmaus und Feldmaus

Was sind zwei Vorteile des Lebens auf dem Lande und
des Lebens in der Stadt?

Von der Stadtmaus und der Feldmaus – Martin Luther

Eine Stadtmaus ging spazieren und kam zu
einer Feldmaus. Die tat sich gütlich an Eicheln,
Gersten[1], Nüssen und woran sie konnte.

Aber die Stadtmaus sprach: „Was willst du hier
5 in Armut leben! Komm mit mir, ich will dir
und mir genug schaffen von allerlei köstlicher
Speise."

Die Feldmaus zog mit ihr hin in ein herrlich
schönes Haus, darin die Stadtmaus wohnte,
10 und sie gingen in die Kammern[2], die voll waren
von Fleisch, Speck, Würsten, Brot, Käse und
allem. Da sprach die Stadtmaus: „Nun iss und
sei guter Dinge[3]. Solcher Speise habe ich täglich
im Überfluss[4]."

15 Da kam der Kellner und rumpelte mit den
Schlüsseln an der Tür. Die Mäuse erschraken[5]

und liefen davon. Die Stadtmaus fand bald ihr
Loch[6], aber die Feldmaus wusste nirgends hin,
lief die Wand auf und ab und gab schon ihr
Leben verloren. 20

Da der Kellner wieder hinaus war, sprach die
Stadtmaus: „Es hat nun keine Not[7], lass uns
guter Dinge sein."

Die Feldmaus antwortete: „Du hast gut reden,
du wusstest dein Loch fein zu treffen, derweil 25
bin ich schier vor Angst gestorben. Ich will dir
sagen, was meine Meinung ist: bleib du eine
Stadtmaus und friss Würste und Speck, ich
will ein armes Feldmäuslein bleiben und meine
Eicheln essen. Du bist keinen Augenblick sicher 30
vor dem Kellner, vor den Katzen, vor so vielen
Mäusefallen[8], und das ganze Haus ist dir feind.
Von alldem bin ich frei und bin sicher in meinem
armen Feldlöchlein."

Wer reich ist, hat viel Sorge. 35

---

[1] *Die tat sich gütlich an Eicheln, Gersten …* - She
was doing well on acorns, barley …
[2] rooms, chambers
[3] *guter Dinge sein* - to be happy
[4] *im Überfluss* - in abundance
[5] *erschrecken* - to become frightened, startled

[6] hole
[7] emergency
[8] mousetraps

1. Was sind die Nachteile des Lebens in der Stadt und des Lebens auf dem Feld?

2. Würden Sie lieber wie die Stadtmaus oder wie die Feldmaus leben? Warum?

3. Luther schreibt: „Wer reich ist, hat viel Sorge." Stimmen Sie damit überein?

4. Was meinen Sie: Warum hat Luther Fabeln geschrieben?

5. Vergleichen Sie diese zwei Fabeln von Luther. Welche finden Sie einfacher zu verstehen? Welche finden Sie
interessanter zu lesen?

6. Luther schrieb zur Zeit der Reformation. Wenn man diese Fabeln als Metapher für die Kirche und den
Menschen verstehen soll, was symbolisieren die Figuren und die Situationen in jedem Text?

D. Was ist Aufklärung?

Wann war die Aufklärung und was verbinden Sie damit?

Fassen Sie den Text in einfachen Sätzen zusammen.

Was ist Aufklärung? – Immanuel Kant

Aufklärung ist der Ausgang des Menschen aus seiner selbst verschuldeten Unmündigkeit[1]. Unmündigkeit ist das Unvermögen[2], sich seines Verstandes ohne Leitung[3] eines anderen zu bedienen[4]. Selbstverschuldet ist diese Unmündigkeit, wenn die Ursache[5] derselben nicht am Mangel des Verstandes[6], sondern der Entschließung[7] und des Mutes liegt, sich seiner ohne Leitung eines anderen zu bedienen. Sapere aude! Habe Mut dich deines eigenen Verstandes zu bedienen! ist also der Wahlspruch[8] der Aufklärung.

---

[1] *selbst verschuldeten Unmündigkeit* - self-incurred immaturity
[2] inability
[3] leadership
[4] *sich bedienen* - to make use of
[5] cause
[6] *Mangel des Verstandes* - lack of intelligence
[7] resolution
[8] motto

Übersetzen Sie ins Englische:

Aufklärung ist der Ausgang des Menschen aus seiner selbst verschuldeten Unmündigkeit.

Unmündigkeit ist das Unvermögen, sich seines Verstandes ohne Leitung eines anderen zu bedienen.

Habe Mut dich deines eigenen Verstandes zu bedienen!

E. Das Problem der Menschen

Sind Sie bei den letzten Wahlen zur Wahlurne gegangen?* Warum oder warum nicht?   * *to vote in an election*

Kant schrieb: Es ist so bequem, unmündig zu sein. Was bedeutet das? Sind Sie auch dieser Meinung?

Was ist Aufklärung? – Immanuel Kant

Faulheit und Feigheit[1] sind die Ursachen, warum ein so großer Teil der Menschen, nachdem sie die Natur längst von fremder Leitung frei gesprochen, dennoch gerne zeitlebens unmündig bleiben; und warum es anderen so leicht wird, sich zu deren Vormündern aufzuwerfen[2]. Es ist so bequem, unmündig zu sein. Habe ich ein Buch, das für mich Verstand hat, einen Seelsorger[3], der für mich Gewissen[4] hat, einen Arzt, der für mich die Diät beurteilt, usw.: so brauche ich mich ja nicht selbst zu bemühen[5]. Ich habe nicht nötig zu denken, wenn ich nur bezahlen kann; andere werden das verdrießliche[6] Geschäft schon für mich übernehmen.

[1] cowardice
[2] *sich zu deren Vormündern aufzuwerfen* - to appoint oneself to be their guardians
[3] pastoral care person
[4] conscience
[5] *sich bemühen* - to make an effort
[6] annoying

„Faulheit und Feigheit sind die Ursachen, warum … Menschen … unmündig bleiben." Stimmt das noch heute? Geben Sie ein Beispiel oder ein Gegenbeispiel.

Nennen Sie ein Beispiel, wo Studenten lieber unmündig bleiben. Nennen Sie auch ein Beispiel, wo Studenten zeigen, dass sie nicht unmündig sind.

„Ich habe nicht nötig zu denken, wenn ich nur bezahlen kann." Inwiefern stimmt das noch heute? Geben Sie ein Beispiel oder Gegenbeispiel.

F. Räsonieren oder gehorchen?

Räsonieren heißt argumentieren. Was für ein Mensch sind Sie?

Ich argumentiere gern.	5 4 3 2 1	Ich vermeide alle Konflikte.
Debatten machen Spaß.	5 4 3 2 1	Ich hasse es, wenn andere streiten.
Ich bin politisch engagiert.	5 4 3 2 1	Ich rege mich nicht über Politik auf.

Wann ist es gut kritisch zu denken und wann nicht?

Was ist Aufklärung? – Immanuel Kant

Zu dieser Aufklärung aber wird nichts erfordert[1] als Freiheit; und zwar die unschädlichste[2] unter allem, was nur Freiheit heißen mag, nämlich die: von seiner Vernunft in allen Stücken öffentlichen Gebrauch zu machen. Nun höre ich aber von allen Seiten rufen: räsonniert[3] nicht! Der Offizier sagt: räsonniert nicht, sondern exerziert[4]! Der Finanzrat[5]: räsonniert nicht, sondern bezahlt! Der Geistliche: räsonniert nicht, sondern glaubt! (Nur ein einziger Herr in der Welt sagt: räsonniert, so viel ihr wollt, und worüber ihr wollt; aber gehorcht!) Hier ist überall Einschränkung[6] der Freiheit. Welche Einschränkung aber ist der Aufklärung hinderlich[7]? Welche nicht, sondern ihr wohl gar beförderlich? - Ich antworte: der öffentliche Gebrauch seiner Vernunft muss jederzeit frei sein, und der allein kann Aufklärung unter Menschen zu Stande bringen[8].

---

[1] *erfordern* - to require
[2] harmless
[3] *räsonnieren* - old form of *räsonieren*
[4] *exerzieren* - to drill, march
[5] tax collector
[6] restriction
[7] *hinderlich sein* - to be an obstacle
[8] *zu Stande bringen* - to bring about

1. Was findet Kant nötig um die Aufklärung unter Menschen zu verwirklichen?

2. Sollen wir laut Kant räsonieren? Was sollen wir noch laut Kant tun?

3. Was ist die Hauptbedingung für die Aufklärung?

4. Was war daran zu seiner Zeit neu? Nennen Sie Beispiele von den Unterschieden zwischen dem Denken im Mittelalter und dem Denken nach Kant.

5. Finden Sie, dass Amerika meistens aufgeklärt handelt? Nennen Sie ein Beispiel für aufgeklärtes Handeln und ein Beispiel für unaufgeklärtes Handeln.

G. Wissen oder nicht wissen?

Die Unwissenden – Erich Fried

Es heißt
die von nichts gewusst hatten
waren naiv
Im Gegenteil[1]
Es war damals
sehr praktisch
von gar nichts
gewusst zu haben
Nur Dummköpfe
oder Narren[2]
versuchten alles zu wissen
Und die Suche
nach Wissen
brachte viele von ihnen
ums Leben
Drum[3] fehlen uns jetzt
diese Dummköpfe
und diese Narren
so bitter

---

[1]   *im Gegenteil* - on the contrary
[2]   fools
[3]   *drum - darum* - because of that

Erich Fried ist Österreicher. Über welche geschichtlichen Ereignisse schreibt er wohl?

Wer waren die Dummköpfe und Narren? Warum fehlen sie jetzt?

Trifft das Gedicht auch auf Ereignisse in der Geschichte Ihrer Heimat oder auf die Gegenwart zu? Geben Sie Beispiele.

H. Aufsatz – Aufklärung im Zeitalter des Internets

Ist das Internet positiv oder negativ für Aufklärung? Macht es das Internet leichter, eine eigene Meinung zu bilden? Oder ist das Internet eine „Einschränkung der Freiheit"?

A. Märchen - Frau Holle

Muss man fleißig sein
um Erfolg zu haben?
Nennen Sie Beispiele.

Frau Holle – die Brüder Grimm

Eine Witwe[1] hatte zwei Töchter, davon war die eine
schön und fleißig, die andere hässlich und faul. Sie
hatte aber die hässliche und faule, weil sie ihre rechte
Tochter war, viel lieber, und die andere, ihre Stieftoch-
5 ter, musste alle Arbeit tun und der Aschenputtel[2] im
Hause sein. Das arme Mädchen musste sich täglich
auf die große Straße bei einem Brunnen[3] setzen und
musste so viel spinnen, dass ihm das Blut aus den
Fingern sprang.

10 Eines Tages wurde die Spule[4] ganz blutig, da bückte[5] es
sich damit in den Brunnen und wollte sie abwaschen;
sie sprang ihm aber aus der Hand und fiel[6] hinab.
Es weinte, lief zur Stiefmutter und erzählte ihr das
Unglück. Die Stiefmutter war so unbarmherzig[7], dass
15 sie sprach: »Hast du die Spule hinunterfallen lassen,
so hol sie auch wieder herauf.«

Da ging das Mädchen zu dem Brunnen zurück und
wusste nicht, was es anfangen sollte; und aus Angst
sprang es in den Brunnen hinein, um die Spule zu
20 holen. Es verlor die Besinnung[8], und als es erwachte,
war es auf einer schönen Wiese[9], wo die Sonne schien
und vieltausend Blumen standen. Auf dieser Wiese
ging es fort und kam zu einem Backofen, der war
voller Brot; das Brot aber rief: »Ach, zieh mich raus,
25 zieh mich raus, sonst verbrenn ich: ich bin schon
längst ausgebacken.« Da trat es herzu und holte mit
dem Brotschieber alles nacheinander heraus.

Danach ging es weiter und kam zu einem Baum, der
hing voll Äpfel, und rief ihm zu: »Ach, schüttel[10] mich,
30 schüttel mich, wir Äpfel sind alle miteinander reif.«
Da schüttelte es den Baum, dass die Äpfel fielen, als
regneten sie, und schüttelte, bis keiner mehr oben
war; und als es alle in einen Haufen[11] zusammengelegt
hatte, ging es wieder weiter.

35 Endlich kam es zu einem kleinen Haus, daraus guckte
eine alte Frau, weil sie aber so große Zähne hatte,
hatte das Mädchen Angst, und es wollte fortlaufen.

Die alte Frau aber rief ihm nach: »Was fürchtest du
dich, liebes Kind? Bleib bei mir, wenn du alle Arbeit
im Hause ordentlich tun willst, so soll dir's gut gehn. 40
Du musst nur achtgeben[12], dass du mein Bett gut
machst und es fleißig aufschüttelst, dass die Federn
fliegen, dann schneit es in der Welt; ich bin die Frau
Holle.« Weil die Alte ihm so gut zusprach, wurde das
Mädchen ermutigt[13] und begab sich in ihren Dienst[14]. 45
Es besorgte[15] auch alles nach ihrer Zufriedenheit[16] und
schüttelte ihr das Bett immer gewaltig auf, dass die
Federn wie Schneeflocken umherflogen; dafür hatte
es auch ein gutes Leben bei ihr, kein böses Wort und
alle Tage genug zu essen.   50

Nun war es eine Zeitlang bei der Frau Holle, da ward
es traurig und wusste anfangs selbst nicht, was ihm
fehlte[17], endlich merkte es, dass es Heimweh[18] war; ob
es ihm hier gleich vieltausendmal besser ging als zu
Haus, so hatte es doch ein Verlangen[19] dahin. Endlich 55

---

1 widow
2 Cinderella
3 well
4 (spinning) spool
5 *sich bücken* - to bend over
6 *fallen* - to fall
7 uncompassionate
8 consciousness
9 field
10 *schütteln* - to shake
11 mound

---

12 *achtgeben* - to watch out
13 *ermutigen* - to encourage
14 *sich in ihren Dienst begeben* - gave herself over to her
   service
15 *besorgen* – to take care of
16 satisfaction
17 *fehlen* - to be missing
18 home sickeness
19 longing

sagte es zu ihr: »Ich möchte doch nach Hause, und wenn es mir auch noch so gut hier unten geht, so kann ich doch nicht länger bleiben, ich muss wieder hinauf zu den Meinigen.«

60 Die Frau Holle sagte: »Es gefällt mir, dass du wieder nach Haus verlangst, und weil du mir so treu gedient hast, so will ich dich selbst wieder hinaufbringen.« Sie nahm es darauf bei der Hand und führte es vor ein großes Tor[20]. Das Tor ward aufgetan[21], und wie das
65 Mädchen gerade darunterstand, fiel ein gewaltiger[22] Goldregen, und alles Gold blieb an ihm hängen, so dass es über und über davon bedeckt war. »Das sollst du haben, weil du so fleißig gewesen bist«, sprach die Frau Holle und gab ihm auch die Spule wieder, die
70 ihm in den Brunnen gefallen war. Darauf ward das Tor verschlossen, und das Mädchen befand sich[23] oben auf der Welt, nicht weit von seiner Mutter Haus; und als es in den Hof[24] kam, saß der Hahn[25] auf dem Brunnen und rief:

75 »Kikeriki, unsere goldene Jungfrau ist wieder hie.«

Da ging es hinein zu seiner Mutter, und weil es so mit Gold bedeckt ankam, ward es von ihr und der Schwester gut aufgenommen.

Das Mädchen erzählte alles, was ihm passiert war, und
80 als die Mutter hörte, wie es zu dem großen Reichtum gekommen war, wollte sie der andern, hässlichen und faulen Tochter gerne dasselbe Glück verschaffen[26]. Sie musste sich an den Brunnen setzen und spinnen; und damit ihre Spule blutig wurde, stach[27] sie sich in die
85 Finger und stieß sich die Hand[28] in die Dornhecke. Dann warf sie die Spule in den Brunnen und sprang selber hinein. Sie kam, wie die andere, auf die schöne Wiese und ging auf demselben Pfad[29] weiter. Als sie zu dem Backofen kam, schrie das Brot wieder: »Ach, zieh
90 mich raus, zieh mich raus, sonst verbrenne ich, ich

---

[20] gate
[21] *ward aufgetan* - was opened
[22] powerful
[23] *sich befinden* - to find oneself
[24] yard
[25] rooster
[26] to acquire
[27] to stick, prick
[28] *stieß sich die Hand* - stuck her hand
[29] path

bin schon längst ausgebacken.«

Die Faule aber antwortete: »Da hätt ich Lust, mich schmutzig zu machen«, und ging fort. Bald kam sie zu dem Apfelbaum, der rief: »Ach, schüttel mich, schüttel mich, wir Äpfel sind alle miteinander reif.« 95

Sie antwortete aber: »Es könnte mir einer auf den Kopf fallen«, und ging damit weiter. Als sie vor das Haus der Frau Holle kam, fürchtete sie sich nicht, weil sie von ihren großen Zähnen schon gehört hatte, und verdingte sich[30] gleich zu ihr. Am ersten Tag tat 100
sie sich Gewalt an[31], war fleißig und folgte der Frau Holle, wenn sie ihr etwas sagte, denn sie dachte an das viele Gold, das sie ihr schenken würde; am zweiten Tag aber fing sie schon an zu faulenzen, am dritten noch mehr, da wollte sie morgens gar nicht aufstehen. Sie 105
machte auch der Frau Holle das Bett nicht richtig und schüttelte es nicht, dass die Federn aufflogen. Die Frau Holle hatte bald genug davon und sagte ihr den Dienst auf.[32] Die Faule war das wohl zufrieden und meinte, nun würde der Goldregen kommen; die Frau Holle 110
führte sie auch zu dem Tor, als sie aber darunterstand, wurde statt des Goldes ein großer Kessel voll Pech[33] ausgeschüttet. »Das ist zur Belohnung[34] deiner Dienste«, sagte die Frau Holle und schloss das Tor zu. Da kam die Faule heim, aber sie war ganz mit Pech 115
bedeckt, und der Hahn auf dem Brunnen, als er sie sah, rief:

»Kikeriki, unsere schmutzige Jungfrau ist wieder hie.«

Das Pech aber blieb fest an ihr hängen und wollte, solange sie lebte, nicht abgehen. 120

---

[30] *sich verdingen* - to hire oneself out
[31] *tat sie sich Gewalt an* - tried mightily
[32] *sagte ihr den Dienst auf* - gave her notice
[33] *Kessel voll Pech* - cauldron full of pitch
[34] reward

1. Vergleichen Sie die Töchter.

2. Was soll man aus diesem Märchen lernen?

3. Stellen Sie sich vor, Disney würde dieses Märchen als Zeichentrickfilm verfilmen. Welche Änderungen sollte man dabei Ihrer Meinung nach vornehmen?

4. In diesem Märchen vertritt die faule Tochter die Meinung, dass sie – ohne fleißig zu sein – Anspruch auf die Belohnung hat. Eine ähnliche Lebenshaltung werfen Gesellschaftskritiker den jüngeren Generationen der U.S.-Bevölkerung vor. Wie reagieren Sie auf diesen Vorwurf? Ist er gerechtfertigt?

B. Die menschliche Natur

Sind Sie eher optimistisch oder pessimistisch?

Sind Sie eher idealistisch oder realistisch?

Wie sind die Menschen eher:

    selbstlos oder selbstsüchtig*?   * *selfish*

    gutherzig oder gemein*?   * *mean, cruel*

    ein körperliches oder geistiges* Wesen?   * *spiritual*

Hoffnung – Friedrich von Schiller:

Es reden und träumen die Menschen viel
    Von bessern künftigen[1] Tagen;
Nach einem glücklichen, goldenen Ziel[2]
    Sieht man sie rennen und jagen[3].
Die Welt wird alt und wird wieder jung,
Doch der Mensch hofft immer Verbesserung.

Die Hoffnung führt ihn ins Leben ein,
    Sie umflattert[4] den fröhlichen Knaben[5],
Den Jüngling locket[6] ihr Zauberschein[7],
    Sie wird mit dem Greis[8] nicht begraben;
Denn beschließt er im Grabe den müden Lauf,
Noch am Grabe pflanzt er - die Hoffnung auf.

Es ist kein leerer, schmeichelnder Wahn[9],
    Erzeugt[10] im Gehirne des Thoren[11].
Im Herzen kündet[12] es laut sich an:
    Zu was Besserm sind wir geboren;
Und was die innere Stimme spricht,
Das täuscht[13] die hoffende Seele nicht.

---

[1] future
[2] goal
[3] *jagen* - to hunt
[4] *umflattern* – to flap about
[5] young boy
[6] lures
[7] magical appearance
[8] old man
[9] craziness
[10] to create
[11] *Thoren - Toren* - fool
[12] *sich ankünden* - to make itself known
[13] *täuschen* - to deceive

Wie beschreibt Schiller die Menschen?

In diesem Gedicht sehen wir, dass die Menschen …

Man sieht, dass Hoffung den Menschen immer wichtig ist.

Schiller meint in Zeile … , dass …

C. Die wilde Natur

Welche Geschichten kennen Sie, in denen Fantasie
und Wirklichkeit vermischt sind?

Erlkönig – Johann Wolfgang von Goethe

Wer reitet so spät durch Nacht und Wind?
Es ist der Vater mit seinem Kind;
Er hat den Knaben wohl in dem Arm,
Er fasst ihn sicher, er hält ihn warm.

Mein Sohn, was birgst du so bang dein Gesicht? -
Siehst Vater, du den Erlkönig nicht?
Den Erlenkönig mit Kron und Schweif? -
Mein Sohn, es ist ein Nebelstreif. -

»Du liebes Kind, komm, geh mit mir!
Gar schöne Spiele spiel ich mit dir;
Manch bunte Blumen sind an dem Strand,
Meine Mutter hat manch gülden Gewand.«

Mein Vater, mein Vater, und hörest du nicht,
Was Erlenkönig mir leise verspricht? -
Sei ruhig, bleibe ruhig, mein Kind;
In dürren Blättern säuselt der Wind. -

»Willst, feiner Knabe, du mit mir gehn?
Meine Töchter sollen dich warten schön;
Meine Töchter führen den nächtlichen Reihn
Und wiegen und tanzen und singen dich ein.«

Mein Vater, mein Vater, und siehst du nicht dort
Erlkönigs Töchter am düstern Ort? -
Mein Sohn, mein Sohn, ich seh es genau:
Es scheinen die alten Weiden so grau. -

»Ich liebe dich, mich reizt deine schöne Gestalt;
Und bist du nicht willig, so brauch ich Gewalt.«
Mein Vater, mein Vater, jetzt fasst er mich an!
Erlkönig hat mir ein Leids getan! -

Dem Vater grauset's, er reitet geschwind,
Er hält in den Armen das ächzende Kind,
Erreicht den Hof mit Mühe und Not;
In seinen Armen das Kind war tot.

1. Markieren Sie mit verschiedenen Farben die Stimmen im Gedicht: Erzähler, Vater, Sohn und Erlkönig.

2. Was sind die Mächte, die um den Sohn kämpfen?

3. Was für Gefühle oder Ideen will der Dichter durch das Gedicht erzeugen?

4. Nennen Sie eine andere Geschichte, in der Mächte um ein Kind streiten. Wie endet diese Geschichte?

5. Wie können wir das Gedicht metaphorisch lesen? Vernunft gegen Gefühle? Ordnung gegen Chaos? Der
   Mensch gegen die Natur? Wie sollen wir dann die Figuren im Text interpretieren?

D. Märchen - Rotkäppchen

Rotkäppchen – die Brüder Grimm

Es war einmal eine kleine süße Dirne[1], die hatte jedermann lieb, der sie nur ansah, am allerliebsten aber ihre Großmutter, die wusste gar nicht, was sie alles dem Kinde geben sollte. Einmal schenkte[2] sie
5 ihm ein Käppchen von rotem Sammet[3], und weil ihm das so wohl stand und es nichts anders mehr tragen wollte, hieß es nur das Rotkäppchen.

Eines Tages sprach seine Mutter zu ihm: „Komm, Rotkäppchen, da hast du ein Stück Kuchen und eine
10 Flasche Wein, bring das der Großmutter hinaus; sie ist krank und schwach und wird sich daran laben. Mach dich auf, bevor es heiß wird, und wenn du hinauskommst, so geh hübsch sittsam[4] und lauf nicht vom Weg ab, sonst fällst du und zerbrichst das Glas,
15 und die Großmutter hat nichts. Und wenn du in ihre Stube[5] kommst, so vergiss nicht, guten Morgen zu sagen, und guck nicht erst in alle Ecken herum[6].

„Ich will schon alles gut machen", sagte Rotkäppchen zur Mutter und gab ihr die Hand darauf.

20 Die Großmutter aber wohnte draußen im Wald, eine halbe Stunde vom Dorf. Wie nun Rotkäppchen in den Wald kam, begegnete[7] ihm der Wolf. Rotkäppchen aber wusste nicht, was das für ein böses Tier war, und fürchtete sich nicht vor ihm.

25 „Guten Tag, Rotkäppchen", sprach er.

„Schönen Dank, Wolf."

„Wo hinaus so früh, Rotkäppchen?"

„Zur Großmutter."

„Was trägst du unter der Schürze[8]?"

30 „Kuchen und Wein: gestern haben wir gebacken, da soll sich die kranke und schwache Großmutter etwas zugut tun und sich damit stärken."

„Rotkäppchen, wo wohnt deine Großmutter?"

„Noch eine gute Viertelstunde weiter im Wald, unter
35 den drei großen Eichbäumen[9], da steht ihr Haus, unten sind die Nusshecken, das wirst du ja wissen", sagte Rotkäppchen.

Der Wolf dachte bei sich: „Das junge zarte Ding, das ist ein fetter Bissen, der wird noch besser schmecken
40 als die Alte: du musst es listig anfangen, damit du beide erschnappst[10]." Da ging er ein Weilchen neben

---

1 (outdated) maiden
2 *schenken* - to give as gift
3 velvet
4 *hübsch sittsam* - nice, well-behaved
5 room
6 *herumgucken* - to look around
7 *begegnen* - to encounter
8 apron, cloth
9 oak trees
10 *erschnappen* - to catch

Rotkäppchen her, dann sprach er: „Rotkäppchen, sieh einmal die schönen Blumen, die ringsumher stehen, warum guckst du dich nicht um? Ich glaube, du hörst gar nicht, wie die Vöglein so lieblich singen? Du gehst 45 ja für dich hin, als wenn du zur Schule gingst, und ist so lustig draußen in dem Wald."

Rotkäppchen schlug die Augen auf, und als es sah, wie die Sonnenstrahlen durch die Bäume hin und her tanzten und alles voll schöner Blumen stand, dachte 50 es: „Wenn ich der Großmutter einen frischen Strauß[11] mitbringe, der wird ihr auch Freude machen; es ist so früh am Tag, dass ich doch zu rechter Zeit ankomme", lief vom Wege ab in den Wald hinein und suchte Blumen. Und wenn es eine gebrochen hatte, meinte es, 55 weiter hinaus stände eine schönere, und lief darnach, und geriet[12] immer tiefer in den Wald hinein.

Der Wolf aber ging geradeswegs nach dem Haus der Großmutter und klopfte an die Türe.

„Wer ist draußen?" 60

„Rotkäppchen, das bringt Kuchen und Wein, mach auf."

„Drück nur auf die Klinke[13]", rief die Großmutter, „ich bin zu schwach und kann nicht aufstehen."

Der Wolf drückte auf die Klinke, die Türe sprang auf, und er ging, ohne ein Wort zu sprechen, gerade zum 65 Bett der Großmutter und verschluckte[14] sie. Dann tat er ihre Kleider an, setzte ihre Haube[15] auf, legte sich in ihr Bett und zog die Vorhänge vor.

---

11 bouquet
12 *geraten* - to end up (somewhere)
13 door handle
14 *verschlucken* - to swallow
15 bonnet

Rotkäppchen aber war nach den Blumen herumgelau-
fen, und als es so viel zusammen hatte, dass es keine
mehr tragen konnte, fiel ihm die Großmutter wieder
ein, und es machte sich auf den Weg zu ihr.

Es wunderte sich, dass die Türe aufstand, und wie es
in die Stube trat, so kam es ihm so seltsam darin vor,
dass es dachte: „Ei, du mein Gott, wie ängstlich wird
mir's heute zumut, und bin sonst so gerne bei der
Großmutter!"

Es rief „Guten Morgen", bekam aber keine Antwort.
Darauf ging es zum Bett und zog die Vorhänge zurück:
da lag die Großmutter und hatte die Haube tief ins
Gesicht gesetzt und sah so wunderlich aus

„Ei, Großmutter, was hast du für große Ohren!"

„Dass ich dich besser hören kann."

„Ei, Großmutter, was hast du für große Augen!"

„Dass ich dich besser sehen kann."

„Ei, Großmutter, was hast du für große Hände"

„Dass ich dich besser packen kann."

„Aber, Großmutter, was hast du für ein entsetzlich
großes Maul!"

1. Wie unterscheidet sich diese Version des Märchens
   von der, die Sie vorher am besten kannten?

2. Welche Themen stehen in diesem Märchen im
   Mittelpunkt?

3. Wenn wir das Märchen metaphorisch lesen, was
   stellen die Figuren und das Benehmen der Figuren
   dar? *(see box)*

„Dass ich dich besser fressen kann."

Kaum hatte der Wolf das gesagt, so tat er einen
Satz aus dem Bette und verschlang[16] das arme
Rotkäppchen.

Wie der Wolf sein Gelüsten gestillt hatte[17], legte er sich
wieder ins Bett, schlief ein und fing an, überlaut zu
schnarchen[18].

Der Jäger ging eben an dem Haus vorbei und dachte:
„Wie die alte Frau schnarcht, du musst doch sehen,
ob ihr etwas fehlt." Da trat er in die Stube, und wie er
vor das Bette kam, so sah er, dass der Wolf darin lag.
„Finde ich dich hier, du alter Sünder", sagte er, „ich
habe dich lange gesucht."

Nun wollte er seine Büchse anlegen[19], da fiel ihm ein,
der Wolf könnte die Großmutter gefressen haben und
sie wäre noch zu retten: schoss nicht, sondern nahm
eine Schere[20] und fing an, dem schlafenden Wolf den
Bauch aufzuschneiden.

Wie er ein paar Schnitte getan hatte, da sah er das rote
Käppchen leuchten, und noch ein paar Schnitte, da
sprang das Mädchen heraus und rief: „Ach, wie war ich
erschrocken, wie war's so dunkel in dem Wolf seinem
Leib[21]!"

Und dann kam die alte Großmutter auch noch leben-
dig heraus und konnte kaum atmen[22]. Rotkäppchen
aber holte geschwind große Steine, damit füllten sie
dem Wolf den Leib, und wie er aufwachte, wollte er
fortspringen, aber die Steine waren so schwer, dass er
gleich niedersank und sich totfiel.

Da waren alle drei vergnügt[23]; der Jäger zog dem Wolf
den Pelz[24] ab und ging damit heim, die Großmutter aß
den Kuchen und trank den Wein, den Rotkäppchen
gebracht hatte, und erholte sich[25] wieder, Rotkäppchen
aber dachte: „Du willst dein Lebtag nicht wieder allein
vom Wege ab in den Wald laufen, wenn dir's die Mutter
verboten hat."

---

[16] *verschlingen* - to devour
[17] *Gelüsten gestillt hatte* - had sated his desire
[18] *schnarchen* - to snore
[19] *Büchse anlegen* - to aim his rifle
[20] scissors
[21] body
[22] *atmen* - to breath
[23] satisfied
[24] fur
[25] *sich erholen* - to recover

Es handelt sich um … – *It's about* …
symbolisieren – *to symbolize*
darstellen – *to represent*
betonen – *emphasize*
Es deutet auf (Akk.) … hin. – *It indicates* …
Es soll heißen, dass … – *It means that* …

Alpenpanorama   Innsbruck, Österreich

Radfahrer telefoniert mit Handy   Weimar, Deutschland

Rhätische Bahn Graubünden, Schweiz

Wiener Straßencafé   Wien, Österreich

Straßenbahnen   Basel, Schweiz

Spargelzeit auf dem Markt   Stuttgart, Deutschland

Schulweg   Hall in Tirol, Österreich

Semperoper   Dresden, Deutschland

A. Die menschliche Natur

Was meinen Sie dazu?

	Das stimmt.				Das stimmt nicht.
1. Die Gruppe ist wichtiger als der Einzelne.	1	2	3	4	5
2. Es gibt immer eine Lösung. Wir brauchen nur den Mut, sie zu finden.	1	2	3	4	5
3. Jeder muss für sich entscheiden, was er in seinem Leben macht.	1	2	3	4	5

Kleine Fabel - Franz Kafka

„Ach", sagte die Maus, „die Welt wird enger mit jedem Tag. Zuerst war sie so breit, dass ich Angst hatte, ich lief weiter und war glücklich, dass ich endlich rechts und links in der Ferne Mauern sah, aber diese langen Mauern eilen so schnell aufeinander zu[1], dass ich schon im letzten Zimmer bin, und dort im Winkel[2] steht die Falle[3], in die ich laufe." - „Du musst nur die Laufrichtung ändern", sagte die Katze und fraß[4] sie.

[1] *aufeinander zueilen* - to rush towards one another
[2] corner
[3] trap
[4] *fressen* - to eat (for animals)

Wenn wir die Fabel als Metapher verstehen, wie kann man folgende Elemente interpretieren?

die Maus

die Mauern

die Falle

die Katze

die Laufrichtung

dass die Falle im Winkel steht

dass die Katze die Maus frisst

Formulieren Sie eine mögliche Lehre für diese Fabel.

B. Heimkehr

Heimkehr – Franz Kafka

Ich bin zurückgekehrt, ich habe den Flur[1]
durchschritten und blicke mich um. Es ist meines
Vaters alter Hof[2]. Die Pfütze[3] in der Mitte. Altes,
unbrauchbares Gerät, ineinander verfahren,
5 verstellt den Weg zur Bodentreppe[4]. Die Katze
lauert auf dem Geländer[5]. Ein zerrissenes Tuch,
einmal im Spiel um eine Stange gewunden[6],
hebt sich im Wind.

Ich bin angekommen. Wer wird mich empfan-
10 gen[7]? Wer wartet hinter der Tür der Küche?
Rauch kommt aus dem Schornstein[8], der Kaffee
zum Abendessen wird gekocht. Ist dir heimlich,
fühlst du dich zu Hause? Ich weiß es nicht, ich
bin sehr unsicher. Meines Vaters Haus ist es, aber
15 kalt steht Stück neben Stück, als wäre jedes mit
seinen eigenen Angelegenheiten[9] beschäftigt, die
ich teils vergessen habe, teils niemals kannte.
Was kann ich ihnen nützen, was bin ich ihnen
und sei ich auch des Vaters, des alten Landwirts[10]
20 Sohn. Und ich wage nicht an die Küchentür zu
klopfen, nur von der Ferne horche ich, nur von
der Ferne horche ich stehend, nicht so, dass ich

---

1 corridor; farmland
2 courtyard; farm
3 puddle
4 drop down ladder
5 railing
6 *winden* - to tie around
7 *empfangen* - to receive
8 chimney
9 affairs
10 farmer

als Horcher überrascht werden könnte. Und weil
ich von der Ferne horche, erhorche ich nichts,
nur einen leichten Uhrenschlag höre ich oder 25
glaube ihn vielleicht nur zu hören, herüber aus
den Kindertagen. Was sonst in der Küche geschieht, ist das Geheimnis der dort Sitzenden,
das sie vor mir wahren[11]. Je länger man vor der
Tür zögert[12], desto fremder wird man. Wie wäre 30
es, wenn jetzt jemand die Tür öffnete und mich
etwas fragte. Wäre ich dann nicht selbst wie
einer, der sein Geheimnis wahren will.

---

11 *wahren* - to safeguard, protect
12 *zögern* - to hesitate

Was verbinden Sie mit „zu Hause"?

Machen Sie eine Liste von Assoziationen mit „zu Hause" in dieser Erzählung.

Beschreiben Sie den Erzähler am Ende. Was ist sein Problem? Wovor hat er Angst? Was bezweifelt er? Warum?

C. Vor dem Gesetz

Wann lohnt es sich
gegen Unrecht zu
protestieren und
wann nicht?

Vor dem Gesetz[1] – Franz Kafka

Vor dem Gesetz steht ein Türhüter[2]. Zu diesem
Türhüter kommt ein Mann vom Lande und bittet
um Eintritt in das Gesetz. Aber der Türhüter sagt,
dass er ihm jetzt den Eintritt nicht gewähren[3]
5 könne. Der Mann überlegt und fragt dann, ob
er also später werde eintreten dürfen. »Es ist
möglich«, sagt der Türhüter, »jetzt aber nicht.«
Da das Tor zum Gesetz offen steht wie immer
und der Türhüter beiseite tritt, bückt sich der
10 Mann, um durch das Tor in das Innere zu sehen.
Als der Türhüter das merkt, lacht er und sagt:
»Wenn es dich so lockt[4], versuche es doch, trotz
meines Verbotes hineinzugehen. Merke aber:
Ich bin mächtig. Und ich bin nur der unterste
15 Türhüter. Von Saal zu Saal stehen aber Türhüter,
einer mächtiger als der andere. Schon den
Anblick[5] des dritten kann nicht einmal ich mehr
ertragen.« Solche Schwierigkeiten hat der Mann
vom Lande nicht erwartet; das Gesetz soll doch
20 jedem und immer zugänglich sein, denkt er, aber
als er jetzt den Türhüter in seinem Pelzmantel
genauer ansieht, seine große Spitznase, den
langen, dünnen, schwarzen tatarischen Bart,
entschließt[6] er sich, doch lieber zu warten, bis
25 er die Erlaubnis[7] zum Eintritt bekommt. Der
Türhüter gibt ihm einen Schemel[8] und lässt
ihn seitwärts von der Tür sich niedersetzen.
Dort sitzt er Tage und Jahre. Er macht viele
Versuche, eingelassen zu werden, und ermüdet
30 den Türhüter durch seine Bitten. Der Türhüter
stellt öfters kleine Verhöre[9] mit ihm an, fragt ihn
über seine Heimat aus und nach vielem andern,
es sind aber teilnahmslose[10] Fragen, wie sie große
Herren stellen, und zum Schlusse sagt er ihm
35 immer wieder, dass er ihn noch nicht einlassen
könne. Der Mann, der sich für seine Reise mit

[1] law
[2] someone guarding the door
[3] *gewähren* - to guarantee
[4] *locken* - to attract, entice
[5] sight
[6] *sich entschließen* - to resolve, decide
[7] permission
[8] stool
[9] interrogations
[10] disinterested

vielem ausgerüstet[11] hat, verwendet alles, und
sei es noch so wertvoll, um den Türhüter zu
bestechen[12]. Dieser nimmt zwar alles an, aber
sagt dabei: »Ich nehme es nur an, damit du 40
nicht glaubst, etwas versäumt[13] zu haben.«
Während der vielen Jahre beobachtet der Mann
den Türhüter fast ununterbrochen. Er vergisst
die andern Türhüter, und dieser erste scheint
ihm das einzige Hindernis[14] für den Eintritt in 45
das Gesetz. Er verflucht den unglücklichen
Zufall, in den ersten Jahren rücksichtslos und
laut, später, als er alt wird, brummt er nur noch
vor sich hin. Er wird kindisch, und, da er in
dem jahrelangen Studium des Türhüters auch 50
die Flöhe[15] in seinem Pelzkragen[16] erkannt hat,
bittet er auch die Flöhe, ihm zu helfen und den
Türhüter umzustimmen[17]. Schließlich wird sein
Augenlicht schwach, und er weiß nicht, ob es um

[11] equipped
[12] *bestechen* - to bribe
[13] *versäumen* - to waste
[14] hindrance
[15] fleas
[16] fur collar
[17] *umstimmen* - to change someone's mind

55 ihn wirklich dunkler wird, oder ob ihn nur seine Augen täuschen[18]. Wohl aber erkennt er jetzt im Dunkel einen Glanz[19], der unverlöschlich[20] aus der Türe des Gesetzes bricht. Nun lebt er nicht mehr lange. Vor seinem Tode sammeln

---

[18] *täuschen* - to deceive
[19] brilliance
[20] inextinguishable

sich in seinem Kopfe alle Erfahrungen der 60 ganzen Zeit zu einer Frage, die er bisher an den Türhüter noch nicht gestellt hat. Er winkt ihm zu[21], da er seinen erstarrenden[22] Körper nicht mehr aufrichten kann. Der Türhüter muss sich tief zu ihm hinunterneigen, denn der 65 Größenunterschied hat sich sehr zu ungunsten[23] des Mannes verändert. »Was willst du denn jetzt noch wissen?« fragt der Türhüter, »du bist unersättlich[24].« »Alle streben doch nach dem Gesetz«, sagt der Mann, »wieso kommt es, dass 70 in den vielen Jahren niemand außer mir Einlass verlangt hat?« Der Türhüter erkennt, dass der Mann schon an seinem Ende ist, und, um sein vergehendes[25] Gehör noch zu erreichen, brüllt er ihn an: »Hier konnte niemand sonst Einlass 75 erhalten, denn dieser Eingang war nur für dich bestimmt. Ich gehe jetzt und schließe ihn.«

---

[21] *jemandem zuwinken* - to wave to someone
[22] stiffening
[23] to the disadvantage of
[24] insatiable
[25] disappearing

Fassen Sie die Handlung der Geschichte in vier Sätzen zusammen.

Wenn wir diese Geschichte metaphorisch lesen, was symbolisieren diese Teile:

der Türhüter

das Tor

der Mann

das lange Warten

„dieser Eingang war nur
für dich bestimmt"

D. Atombombe und Kriegsgefahr

Was assoziieren Sie mit Albert Einstein?

Zur Abschaffung der Kriegsgefahr – Albert Einstein

Meine Beteiligung[1] bei der Erzeugung[2] der Atombombe bestand in einer einzigen Handlung[3]: ich unterzeichnete einen Brief an Präsident Roosevelt, in dem die Notwendigkeit[4] betont[5]
5 wurde, Experimente im Großen anzustellen zur Untersuchung der Möglichkeit der Herstellung[6] einer Atombombe.

Ich war mir der furchtbaren Gefahr wohl bewusst, die das Gelingen[7] dieses Unternehmens[8]
10 für die Menschheit bedeutete. Aber die Wahrscheinlichkeit[9], dass die Deutschen am selben Problem mit Aussicht auf Erfolg arbeiten dürften, hat mich zu diesem Schritt gezwungen[10].

Solange die Nationen nicht dazu entschlossen 15 sind, durch gemeinsame Aktionen den Krieg abzuschaffen und durch friedliche Entscheidungen auf gesetzlicher[11] Basis ihre Konflikte zu lösen und ihre Interessen zu schützen, sehen sie sich genötigt[12], sich auf einen Krieg vorzuberei- 20 ten. Dieser Weg führt mit Notwendigkeit zum Krieg, der unter den heutigen Verhältnissen allgemeine Vernichtung[13] bedeutet.

---

1 participation
2 production
3 act, action
4 necessity
5 *betonen* - to emphasize
6 production
7 success
8 undertaking
9 probability

---

10 *zwingen* - to force
11 legal
12 forced by necessity
13 annihilation

Wie war Albert Einstein an der Entwicklung der Atombombe mitbeteiligt?

Warum hat Einstein den Brief an Roosevelt unterschrieben?

Wann ist das passiert? Begründen Sie Ihre Antwort.

Beschreiben Sie „den Weg", der zum Krieg und zur allgemeinen Vernichtung führt.

E. Militärdienstverweigerung*

* refusing to serve in the military

Das pazifistische Problem – Albert Einstein

Die Entwicklung der letzten Jahre hat wieder gezeigt, wie wenig wir dazu berechtigt[1] sind, den Kampf gegen die Rüstungen[2] und gegen den kriegerischen Geist den Regierungen zu überlassen[3]. Aber auch die Bildung großer Organisationen mit 5 vielen Mitgliedern[4] kann allein uns dem Ziel nur wenig näher bringen. Nach meiner Überzeugung[5] ist hier der gewaltsame[6] Weg der Militärdienstverweigerung[7] der beste, gestützt durch Organisationen, welche den mutigen Kriegsdienstver- 10 weigerern[8] in den einzelnen Ländern materiell und moralisch beistehen.

Viele, die sich für gute Pazifisten halten, werden einen solchen radikalen Pazifismus nicht mitmachen, indem sie patriotische Gründe geltend[9] 15 machen. Auf solche aber kann in ernster Stunde[10] doch nicht gerechnet werden. Dies hat der Weltkrieg zur Genüge bewiesen[11].

[1] justified
[2] armament
[3] *überlassen* - to leave to
[4] members
[5] belief, conviction
[6] violent, forceful
[7] refusing to serve in military
[8] conscientious objectors
[9] important
[10] *in ernster Stunde* - in the hour of need
[11] *zur Genüge bewiesen* - proved sufficiently

Was meinen Sie: Stimmt Einstein mit folgenden Aussagen überein? Warum oder warum nicht?

Regierungen können gute Entscheidungen für oder gegen Krieg treffen.

Wir können Weltfrieden durch größere Organisationen wie die Vereinigten Nationen schaffen.

Wenn man sein Heimatland liebt, muss man bereit sein, für das Land zu kämpfen.

F. Ihre Meinung

Einstein glaubte, dass die Militärdienstverweigerung der beste Weg sei, für den Frieden zu kämpfen. Was halten Sie davon? Haben Sie vielleicht andere Vorschläge?

A. Gemeinschaft

Was braucht man, um Gemeinschaft zu haben?

Denken Sie an eine Gruppe, z.B. an Ihrer Uni. Welche Gruppe ist das und wer sind für diese Gruppe Außenseiter?

Gemeinschaft – Franz Kafka

Wir sind fünf Freunde, wir sind einmal hintereinander aus einem Haus gekommen, zuerst kam der eine und stellte sich neben das Tor, dann kam oder vielmehr glitt
5 so leicht, wie ein Quecksilberkügelchen[1] gleitet, der zweite aus dem Tor und stellte sich unweit vom ersten auf, dann der dritte, dann der vierte, dann der fünfte. Schließlich standen wir alle in einer Reihe.
10 Die Leute wurden auf uns aufmerksam, zeigten auf uns und sagten: »Die fünf sind

---

[1]   ball of mercury

jetzt aus diesem Haus gekommen.« Seitdem leben wir zusammen, es wäre ein friedliches Leben, wenn sich nicht immerfort ein sechster einmischen[2] würde. Er tut uns 15 nichts, aber er ist uns lästig[3], das ist genug getan; warum drängt er sich ein[4], wo man ihn nicht haben will. Wir kennen ihn nicht und wollen ihn nicht bei uns aufnehmen. Wir fünf haben zwar früher einander auch 20 nicht gekannt, und wenn man will, kennen wir einander auch jetzt nicht, aber was bei uns fünf möglich ist und geduldet[5] wird, ist bei jenem sechsten nicht möglich und wird nicht geduldet. Außerdem sind wir 25 fünf und wir wollen nicht sechs sein. Und was soll überhaupt dieses fortwährende[6] Beisammensein für einen Sinn haben, auch bei uns fünf hat es keinen Sinn, aber nun sind wir schon beisammen und bleiben 30 es, aber eine neue Vereinigung wollen wir nicht, eben auf Grund unserer Erfahrungen. Wie soll man aber das alles dem sechsten beibringen[7], lange Erklärungen würden schon fast eine Aufnahme in unsern Kreis 35 bedeuten, wir erklären lieber nichts und nehmen ihn nicht auf. Mag er noch so sehr die Lippen aufwerfen[8], wir stoßen ihn mit dem Ellbogen weg, aber mögen wir ihn noch so sehr wegstoßen, er kommt wieder. 40

---

[2]   *einmischen* - to intrude
[3]   annoying
[4]   *sich eindrängen* - to barge in
[5]   *dulden* - to tolerate
[6]   continuous
[7]   *beibringen* - to teach
[8]   *die Lippen aufwerfen* - to pout

▶▶

Wie ist die Gemeinschaft entstanden?

Zuerst/Dann/Am Ende VERB …

Sind die fünf Leute wirklich befreundet? Warum oder warum nicht?

Nennen Sie drei Gründe, warum die Gemeinschaft keinen sechsten haben will.

Was will Kafka mit diesem Text sagen?

Kafka will sagen/zeigen, dass …

Was kann man machen, wenn man Außenseiter ist, um in eine Clique aufgenommen zu werden?

B. Die Welt der anderen

Wie ist die Welt für Sie?

1. Ich kann im Supermarkt leicht Pflaster in meiner Hautfarbe finden.   Ja | Nein

2. Wenn ich sage: „Ich komme aus Illinois", akzeptieren andere Leute diese Antwort ohne weitere Fragen.   Ja | Nein

3. Ich bin der Meinung, dass meine Kinder einen guten Beruf ausüben können, wenn sie motiviert sind.   Ja | Nein

4. Wenn ich einen Polizisten sehe, mache ich mir keine Sorgen.   Ja | Nein

5. Keiner sagt mir, wie gut ich Englisch sprechen kann.   Ja | Nein

6. Wenn ich fliege oder über eine Landesgrenze fahre und meinen Ausweis zeige, gibt es meistens keine Schwierigkeiten.   Ja | Nein

7. Ich kenne eine Person, deren Antworten auf diese Fragen anders als meine Antworten wären.   Ja | Nein

C. Fremd im eigenen Land

Fremd im eigenen Land – Advanced Chemistry

Ich habe einen grünen Pass mit 'nem goldenen Adler[1] drauf
dies bedingt[2], dass ich mir oft die Haare rauf[3]
Jetzt mal ohne Spaß: Ärger hab' ich zu Hauf[4]
obwohl ich langsam Auto fahre und niemals sauf'[5]
5   All das Gerede[6] von europäischem Zusammenschluss
fahr' ich zur Grenze mit dem Zug oder einem Bus
frag' ich mich warum ich der Einzige bin, der sich ausweisen muss[7],
Identität beweisen muss!
Ist es so ungewöhnlich, wenn ein Afro-Deutscher seine Sprache spricht
10   und nicht so blass[8] ist im Gesicht?
Das Problem sind die Ideen im System:
ein echter Deutscher muss auch richtig deutsch aussehen,
blaue Augen, blondes Haar keine Gefahr,
gab's da nicht ‚ne Zeit wo's schon mal so war?!
15   „Gehst du mal später zurück in deine Heimat?"
‚Wohin? nach Heidelberg? wo ich ein Heim hab'?
„Nein du weißt, was ich mein..."
Komm lass es sein, ich kenn diese Fragen seitdem ich klein bin

---

[1]   eagle (German symbol)
[2]   *bedingen* - to necessitate
[3]   *raufen* - to pull out (hair)
[4]   *zu Hauf* - in plenty
[5]   *saufen* - to get drunk
[6]   talk
[7]   *sich ausweisen* - to show ID
[8]   pale

in diesem Land vor zwei Jahrzehnten geborn'
20 doch frag' ich mich manchmal, was hab' ich hier verloren[9]!
Ignorantes Geschwätz[10], ohne End
dumme Sprüche, die man bereits alle kennt
„Eh, bist du Amerikaner oder kommste aus Afrika?"
Noch ein Kommentar über mein Haar, was ist daran so sonderbar?
25 „Ach du bist Deutscher, komm erzähl kein Scheiß!"
Du willst den Beweis? Hier ist mein Ausweis:
Gestatten[11] Sie mein Name ist Frederik Hahn
ich wurde hier geboren, doch wahrscheinlich sieht man's mir nicht an,
ich bin kein Ausländer, Aussiedler, Tourist, Immigrant,
30 sondern deutscher Staatsbürger und komme zufällig[12] aus diesem Land,
wo ist das Problem, jeder soll gehn' wohin er mag,
zum Skifahren in die Schweiz, als Tourist nach Prag,
zum Studieren nach Wien, als Au-Pair nach Paris ziehn,
andere wollen ihr Land gar nicht verlassen, doch sie müssen fliehen
35 Ausländerfeindlichkeit, Komplex der Minderwertigkeit[13],
ich will schockieren und provozieren,
meine Brüder und Schwestern wieder neu motivieren,
ich hab schon 'nen Plan,
und wenn es drauf ankommt[14], kämpfe ich Auge um Auge, Zahn um Zahn,
40 ich hoffe die Radiosender lassen diese Platte[15] spielen,
denn ich bin kein Einzelfall[16], sondern einer von vielen.
Nicht anerkannt, fremd im eigenen Land,
kein Ausländer und doch ein Fremder.

---

[9] *hier etwas verloren haben* - to have any business here
[10] chatter
[11] *gestatten* - to permit
[12] by chance
[13] inferiority
[14] if it comes to that
[15] record, CD
[16] unique case

1. Worauf deutet „ein grüner Pass mit einem goldenen Adler darauf" hin? (Zeile 1)

2. Was passiert dem Erzähler, wenn er an die Grenze fährt?

3. Welche Sprache spricht er und warum ist das ein Thema?

4. Was hört der Erzähler oft wegen seiner Hautfarbe und seines Aussehens? Geben Sie konkrete Beispiele aus dem Text.

5. Was will der Erzähler durch sein Lied erreichen? Was sollen die Zuhörer denken oder tun?

D. Gewollt oder gehasst?

Was fällt Ihnen ein, wenn Sie das Wort *Ausländer* hören?

Was für Bilder von Ausländern sieht man in den Nachrichten?
In Fernsehsendungen? In Filmen aus Hollywood?

E. Immer noch fremd

Der Erzähler spricht von einem heißen
politischen Thema: Ausländer und
Arbeitslosigkeit. Was für Vorwürfe will
er seinen Landsleuten machen?

Ich habe einen grünen Pass mit ,nem goldenen Adler drauf,
doch mit italienischer Abstammung[1] wuchs ich hier auf.
Somit nahm ich Spott[2] in Kauf[3]
in dem meinigen bisherigen Lebensablauf.
5 Politiker und Medien berichten ob früh oder spät
von einer „überschrittenen Aufnahmekapazität[4]".
Es wird einem erklärt, der Kopf wird einem verdreht,
dass man durch Ausländer in eine Bedrohung gerät[5],
somit denkt der Bürger, der Vorurteile pflegt,
10 dass für ihn eine große Gefahr entsteht
er sie verliert, sie ihm entgeht[6],
seine ihm so wichtige deutsche Lebensqualität,
leider kommt selten jemand, der fragt,
wie es um die schlechtbezahlte, unbeliebte Arbeit steht.
15 Kaum einer ist da, der überlegt, auf das Wissen Wert legt,
warum es diesem Land so gut geht,
dass der Gastarbeiter seit den 50ern unentwegt[7]
zum Wirtschaftsaufbau, der sich blühend bewegt,
mit Nutzen beitrug und noch beiträgt,
20 mit einer schwachen Position in der Gesellschaft lebt,
in Krisenzeiten die Sündenbockrolle[8] belegt,
und das eigentliche Problem, das man übergeht,
wird einfach unauffällig[9] unter den Teppich gefegt.
Nicht anerkannt, fremd im eigenen Land.
25 Kein Ausländer und doch ein Fremder.

---

[1] heritage, background
[2] ridicule
[3] *in Kauf nehmen* - to accept
[4] exceeded capacity to absorb
[5] *in eine Bedrohung gerät* - to run into a threat
[6] *entgehen* - to escape
[7] unswervingly
[8] role of scapegoat
[9] inconspicuously

Worauf deutet „überschrittene Aufnahmekapazität" hin? (Zeile 6)

Wovor fürchtet sich der Bürger, der Vorurteile pflegt?

Wie haben die Gastarbeiter zur deutschen Wirtschaft beigetragen?

Beschreiben Sie die Probleme, die Gastarbeiter oft haben.

F. Perspektivenwechsel

Scheiben Sie über eines der folgenden Themen.

1. Identifizieren Sie eine Gruppe in Ihrer Heimatkultur, die den Gastarbeitern in Deutschland ähnlich ist. Was sind zwei Ähnlichkeiten und zwei Unterschiede zwischen diesen Gruppen?

2. Wo fühlen Sie sich zu Hause? Wo ist Ihre Heimat? Werden Sie dort für einheimisch gehalten? Warum oder warum nicht?

A. Grenzenlos

Notieren Sie fünf Adjektive oder Phrasen, die Sie mit
„einer Deutschen" verbinden.

Denken Sie an die Nachbarschaft aus Ihrer Kindheit. Gab
es eine bunte Mischung von Hautfarben oder war sie eher
homogen?

grenzenlos und unverschämt: ein gedicht gegen die deutsche sch-einheit – May Ayim

    ich werde trotzdem
    afrikanisch
    sein
    auch wenn ihr
5 mich gerne
    deutsch
    haben wollt
    und werde trotzdem
    deutsch sein
10 auch wenn euch
    meine schwärze
    nicht passt
    ich werde
    noch einen schritt weitergehen
15 bis an den äußersten rand
    wo meine schwestern sind—wo meine brüder stehen
    wo
    unsere
    FREIHEIT
20 beginnt
    ich werde
    noch einen schritt weitergehen und noch einen schritt
    weiter
    und wiederkehren
25 wann
    ich will
    wenn
    ich will
    grenzenlos und unverschämt
30 bleiben.

Worauf beziehen sich folgende Ausdrücke?

die deutsche sch-einheit

meine schwärze

bis an den äußersten rand

schwestern / brüder

wo unsere FREIHEIT beginnt

Was will diese Dichterin? Ergänzen Sie diese Sätze:

May Ayim will, dass …

Sie will den Lesern klar machen, dass …

Sie will …

Wenn jemand Sie zum ersten Mal sieht, was für einen ersten Eindruck machen Sie? Was würde man über Sie denken? Schreiben Sie fünf Adjektive oder Phrasen auf.

Wie stimmen diese äußerlichen Eindrücke mit der Wirklichkeit überein: genau, zum Teil oder gar nicht?

Stellen Sie sich vor, Sie dürfen einen Brief an May Ayim schreiben. Schreiben Sie drei Fragen auf, die Sie stellen möchten, um mehr über ihre Perspektive zum Thema Minderheiten und Rassismus in Deutschland zu erfahren.

B. U-Bahnhof Rihan

Was verbinden Sie mit der Türkei? Mit Berlin?

U-Bahnhof Rihan – Ismet Elçi

Unser erstes Kind, meine Tochter Rihan, kam Anfang 1994 in Berlin in dem Stadtteil Neukölln zur Welt. Die Freude war bei uns riesengroß, so gaben wir ihr den Namen meiner Schwester,
5 damit sie in unserer Erinnerung weiter lebt. Meine Schwester kam im siebzehnten Lebensjahr durch das türkische Militär nahe unserem Dorf ums Leben. Trotz mehrjähriger Suche konnten wir ihre Leiche[1] niemals finden.

10 Im Laufe der Zeit, erklärten wir unserer Tochter Rihan, dass sie den Namen meiner Schwester habe. Wir erzählten ihr, dass wir mit Freuden in Berlin wären, aber dass das hier nicht unsere Heimat sei, dass wir Kurden sind und dass unser
15 Land, aus dem wir hierher gekommen waren, woanders sei. Sie versuchte es zu verstehen. Sie behielt einzelne Begriffe[2] und wiederholte sie. Wir freuten uns, nahmen sie abermals an unsere Herzen und fuhren mit ihr, nachdem
20 sie ihr fünftes Lebensjahr vollendet hatte, in die Heimat, gemeinsam in mein Dorf, nahe Mus. Sie war erstaunt, es kam ihr sehr fremd vor. Sie konnte nicht fassen, dass die Menschen in solch kleinen Häusern lebten. Sie stellte viele
25 Fragen: Ob wir wirklich sicher seien, hierher zu gehören, und wenn wir hierher gehören, warum sie in Berlin geboren sei, und wenn wir zu Berlin gehören, warum wir hierher gekommen seien. Und wir sollten ihre Fragen beantworten und uns
30 entscheiden, wohin wir nun wirklich gehören. Und wir versuchten, es ihr entsprechend zu erklären. Sie brachte mich durch ihr Erstaunen und ihre Betrachtung[3], die mit diesen vielen Fragen verbunden waren, zu der Erinnerung an
35 meine Vergangenheit, meine Kindheit und meine Jugendzeit, und an meine erste Einreise vor zwanzig Jahren in Berlin. Unser gemeinsames Befremden und das Erstaunen über ihre Fragen bei dem Zeitunterschied von zwanzig Jahren spiegelten sich gegenseitig im Laufe der Zeit.
40 Es zeigte sich, dass sich die Fragen nur ständig wiederholten.

Wir, meine Verwandten und ich, gingen mit Rihan durch Täler und Berge in der Nähe unseres Dorfes. Sie freute sich, so frei spielen und
45 spazieren gehen zu können, in Begleitung[4] eines Esels. Gegen Abend machten wir uns auf den Weg ins Dorf zurück. Hierbei überquerten wir eine weite, fast wüstenhafte Landschaft. Rihan saß auf dem Rücken des Esels, der langsamer
50 wurde und Anzeichen von Müdigkeit zeigte. Rihan hatte Mitleid mit dem Tier. Sie stieg ab und begleitete uns zu Fuß weiter. Meine Tochter, die auch bereits müde war, sah von weitem einen Zug durch diese Wüstenlandschaft fahren und
55 rief vor Freude: »Wir müssen uns beeilen, da kommt die U-Bahn!« Erstaunt erklärte ich ihr, dass es sich nicht um eine U-Bahn, sondern um einen Zug handelte, und der würde hier nicht anhalten, und wir müssten zu Fuß weitergehen.
60 Sie sagte fast weinend, dass die U-Bahn doch halten würde und dass es sich um eine solche handelte, da sie ja die Schienen noch sehen könnte. Ich schaute meine Tochter lange an, in ihre Augen, die voller Leben blitzten[5], und ich
65 sah eine Entscheidung in ihren Augen, die mir Angst machte. Sie würde niemals weiterlaufen, bis hier eine U-Bahn-Linie fahren würde, sie hatte Sehnsucht nach Berlin.

---

1   corpse; (dead) body
2   terms
3   observation

4   accompanied by
5   *blitzen* - to flash

70 Sie war der festen Meinung, hier müsste eine gebaut werden. Meine Verwandten und ich, sowie meine Tochter Rihan und der Esel, lagerten[6] ermüdet am Wegesrand[7], und wir fingen träumend an, die U-Bahn-Strecke zu bauen mit 75 einer U-Bahn-Station. Darauf versprach sie mir, niemals zu sterben, bis der Bahnhof in Betrieb[8] genommen worden sei. Und so bauten wir die U-Bahn. Es verging viel Zeit, fast hundertfünfzig Jahre. Wir starben und gaben vorher unsere

---

[6] *lagern* - to camp
[7] side of the road/path
[8] in service

Namen und Ideen weiter an unsere Kinder 80 und Enkelkinder, die wir selber waren. Als die U-Bahn fertig war, gaben wir ihr den Namen meiner Schwester, U-Bahnhof Rihan. Im Fünf-Minuten-Takt fährt nun die U-Bahn, hin und her. Und viele nannten ihre Tochter von da an 85 Rihan. Sie stiegen in die U-Bahn ein und aus. Und so freuten wir uns sehr, dass auch unser Land eine U-Bahn-Strecke hatte.

Plötzlich überquerten Soldaten unseren Weg. Sie machten die Schilder des U-Bahnhofs 90 Rihan kaputt und entfernten jeden Gegenstand des Bahnhofs. Sie erklärten uns, dass solche Schilder, die einen kurdischen Namen trugen, verboten seien. Ich erklärte den Soldaten in meiner gebrochenen türkischen Sprache, dass 95 diese U-Bahn-Entstehung[9] nur ein Traum sei, dass ich den Wunsch meiner Tochter erfüllt hätte. Dass sie zu müde gewesen sei, weiter zu laufen. Sie wollte eine U-Bahn, weil sie diese in Berlin gesehen hatte. Daraufhin[10] erklärte mir 100 ein Offizier, während meine Tochter neben mir stand und ihn mit großen Augen anschaute, dass auch das Träumen verboten sei. Dies verstieß gegen das Grundgesetz[11] des Landes. Meine Tochter Rihan schrie in kurdischer und 105 deutscher Sprache. Sie rief »nein«, es gäbe keine Verbote mehr, die Zeit sei jetzt unsere. Sie machte ein Viktory-Zeichen, das sie auf Kurden-Demos in Berlin gelernt hatte, sie erklärte dem Offizier, dass der Name »Rihan« und ihre Seele 110 und ihre Idee weiterleben werde.

---

[9] coming into being
[10] right after that
[11] basic law; constitution

1. Was wissen wir über die Familie und Schwester des Erzählers?

2. Wohin fährt der Erzähler mit seiner Tochter und warum?

3. Im zweiten Absatz fällt es dem Erzähler ein, dass seine Tochter dieselben Fragen stellt, wie er vor zwanzig Jahren, als er zum ersten Mal Berlin sah. Schreiben Sie zwei von diesen Fragen auf.

4. Was erwartet die Tochter, als sie die Schienen und die Bahn sieht? Warum hat sie diese Erwartungen?

5. Im vorletzten Absatz beschreibt der Erzähler, wie sich die Familie eine U-Bahnhof einbildet. Beschreiben Sie den Traum der Tochter. Wie sieht der U-Bahnhof und das Leben nach hundertfünfzig Jahren aus?

6. Beschreiben Sie in drei Sätzen, was im letzten Absatz passiert. Ist das die Wirklichkeit oder immer noch ein Traum der Tochter?

7. Was will Elçi über Identität sagen?

Es ist einem Menschen wichtig, … zu …
Man soll sich fragen, …
Es ist wichtig zu wissen, …
Die Identität eines Menschen besteht aus …

C. Zu Hause in der Fremde

Wer sind Sie? Schreiben Sie einen Satz, der Ihre Identität kurz und bündig wiedergibt.

Zu Hause in der Fremde – László Csiba

Wer ist nun dieses »Ich«, fragen wir uns ratlos[1]. Dieses Ich ist weder ein frommes[2] Rankenwerk[3], noch besitzt es eine mythische Tiefe. Dieses Ich ist eine Möglichkeit. Ich bin, zum Beispiel, in Ungarn ein Deutscher, in Deutschland ein Ungar. Immer dort, wo ich bin, werde ich als ein anderer angesehen, gemustert[4], abgeschätzt. Ich bin der vertraute Fremde. Jeder sieht mich, keiner erkennt mich. Manchmal bin ich ein Halbungar, ein Halbdeutscher, mitunter ein ganzer Ungar, ein ganzer Deutscher. In der Regel weder ein Ungar noch ein Deutscher, vielmehr ein Wanderer, ein Überquerer von vielen, kleinen, abgeschlossenen Lebensabschnitten. Der französische Autor ägyptischer Herkunft, Edmond Jabès, hat es auf den Punkt gebracht: »Die Fremde erlaubt dir, du selbst zu sein, indem sie aus dir einen Fremden macht.«

---

[1] clueless
[2] pious
[3] complicated creation
[4] looked over

Wie beschreiben andere Csiba?

Wie beschreibt er sich selbst?

Was bedeutet das?

       der vertraute Fremde

       keiner erkennt mich

       ein Überquerer von vielen abgeschlossenen Lebensabschnitten

Ergänzen Sie diese Sätze für sich.

Wenn andere mich ansehen, meinen sie, ich bin   .

In der Regel bin ich weder   noch   , vielmehr   .

D. So wie ich mich seh

Unterstreichen Sie mit einer Farbe die Phrasen oder Wörter im Lied, die die Meinung oder Eindrücke von anderen darstellen. Unterstreichen Sie mit einer zweiten Farbe die Wörter, mit denen der Erzähler sich selbst beschreibt.

So wie ich mich seh - Baff

Ich dachte bisher immer, ich wirke so charmant,
doch dann meinte jemand, Mann bist du arrogant,
Manche meinen von mir, ich wär ja so musikalisch,
statt dessen quäl[1] ich mich mehr als animalisch mit nem Song
5 rum, zu dumm, dass ich oft keine Ahnung hab,
auch wenn manche meinen ich wär so begabt.
Neulich fragt mich einer, sag mal, bist du nervös,
doch ich fand ich war noch nie so entspannt.
Andre sagen, ich wäre ausgeglichen[2],
10 doch- zum Henker noch mal[3]- das bin ich kein bisschen.
Manche denken, o Mann geht's dem schlecht,
dabei mach ich nur ein ernstes Gesicht
Bin ich heute dieser und morgen ein andrer?
Welche Regeln gelten? Bin ich ein Wandrer
15 zwischen Welten verloren, draußen verlogen[4]
und innen verbogen[5]? Wer bin ich?

Man schätzt an mir meine Verlässlichkeit,
dabei ist das einzig Verlässliche meine Vergesslichkeit.
Ich halte mich ja selber für nen Riesenchaot[6],
20 doch die meisten denken, da ist alles im Lot[7].
Manche sagen, ich würd nur reden und reden,
doch ganz ehrlich, da wehr ich mich dagegen,
Manche denken, dass ich auch denk was ich sag,
manchmal ja, aber meistens na ja...
25 Ist meine Sicht richtig? Wer hat hier Recht?
Bin ich noch ich oder bin ich noch echt?
Ich frage die andern und ich frage mich,
die Frage bleibt offen: Wer bin ich?

---

[1] *sich quälen* - to torment oneself
[2] balanced, well-adjusted
[3] *zum Henker noch mal* - the hell with it
[4] false, lying
[5] twisted
[6] disorganized person
[7] *im Lot* - straight, in plumb

1. Schreiben Sie die Fragen in dem Lied auf. Wie kann man diese Fragen beantworten?

2. Was sind drei Eigenschaften, die Ihre Persönlichkeit am stärksten ausmachen? Wenn sie sich ändern würden, wären Sie eine ganz andere Person?

3. Welche Eigenschaften, Verhaltensweisen und Ansichten sind jetzt ein Teil Ihrer Identität, aber Sie können es sich vorstellen, dass sie in der Zukunft anders werden können?

4. Welche Ihrer Eigenschaften möchten Sie in der Zukunft ändern?

E. Land, Sprache und Identität

1. Woher kommen Sie? Was für Assoziationen oder Vorurteile haben andere von Ihren Landsleuten? Woher kommen diese Assoziationen oder Vorurteile?

Ich komme aus …
Viele Leute verbinden mit …
Es gibt viele Vorurteile gegen … , zum Beispiel:
Diese Assoziationen stammen aus …
Leute haben diese Vorurteile, weil …

2. Mit welchen typischen Eigenschaften Ihrer Kultur identifizieren Sie sich gerne? Welche typischen Vorstellungen passen Ihnen überhaupt nicht?

3. Zu welcher Gruppe gehören Sie am ehesten? Beschreiben Sie diese Gruppe mit fünf Sätzen.

4. Welche Sprachen können Sie? Sind diese Sprachen ein wichtiger Teil Ihrer Identität? Warum oder warum nicht?

5. Was für eine Rolle spielt die Geschichte Ihrer Heimat bei der Entwicklung Ihrer Identität? Nennen Sie drei wichtige Ereignisse in der Geschichte Ihrer Heimat. Erzählen Sie, ob oder wie die Ereignisse Sie beeinflusst haben.

F. Rückblicke

1. Was sind wichtige Merkmale der Nationalidentität von Deutschland, Österreich, der Schweiz und den USA?

2. Wie hat die einmalige Geschichte jedes Landes die Nationalidentität beeinflusst?

3. Wie hat das Erlernen einer Fremdsprache Ihr Verständnis für Sprachen im Allgemeinen geändert oder erweitert?

4. Können Sie das besser als vor einem Jahr? Wenn ja, nennen Sie ein Beispiel dazu.

    ☐ Deutsch besser verstehen

    ☐ Deutsch besser sprechen

    ☐ Deutsch besser lesen

    ☐ die Kulturgeschichte des Westens skizzieren

    ☐ die deutsche Geschichte des 20. Jahrhunderts skizzieren

    ☐ die Zusammenhänge zwischen der Geschichte und der Identität eines Landes sehen

    ☐ Unterschiede und Assoziationen mit Deutschland, Österreich und der Schweiz zusammenfassen

    ☐ die Vorurteile oder Assoziationen, die andere Leute von Amerikanern haben, besser verstehen

    ☐ die Perspektiven von Außenseitern oder Fremden besser verstehen

Brief grammar reference

Table of Contents

Verbs

Verbs are the doing parts of the sentence. In German, the verb is conjugated – that is, the ending on the verb matches the subject. The subject is the person or thing "doing" the verb.

Paradigms

There are only two conjugation paradigms.

Paradigm 1: Present tense of everything except modal verbs

ich – *e*	wir –*(e)n*
du –*(e)[s]t**	ihr – *(e)t***
er/sie/es/man –*(e)t***	(S)ie –*(e)n*

*if the stem of the verb ends in *d* or *t*, add –*est*; if the stem ends in an *s*-sound, add –*t*.
**if the stem of the verb ends in *d* or *t*, add –*et*.
If the infinitive just ends in –*n* (and not –*en*) e.g, *wandern*, just at –*n* for *Sie*, *sie* and *wir*.

machen

ich	mache	wir	machen
du	machst	ihr	macht
er	macht	(S)ie	machen

sehen

ich	sehe	wir	sehen
du	siehst	ihr	seht
er	sieht	(S)ie	sehen

Paradigm 2: Present tense of modal verbs and all verbs in the narrative past and all subjunctive forms

ich – Ø	wir –*(e)n*
du –*(e)[s]t**	ihr – *(e)t***
er/sie/es/man – Ø	(S)ie –*(e)n*

*If the stem of the verb ends in *d* or *t*, add –*est*; if the stem ends in an *s*-sound, add –*t*.
**If the stem of the verbs ends in *d* or *t*, add –*et*.

können

ich	kann	wir	können
du	kannst	ihr	könnt
er	kann	(S)ie	können

singen (narrative past)

ich	sang	wir	sangen
du	sangst	ihr	sangt
er	sang	(S)ie	sangen

Present tense

In German, we use the present tense to talk/write about things that are going on now or will go on in the future. There's only one form for the present tense in German; i.e., we don't need to worry about the difference between *I go* and *I am going* because German doesn't make that distinction.

Er spielt Tennis.	'He plays tennis.' 'He does play tennis.' (usually in a question: 'Does he play tennis?)' 'He is playing tennis.' 'He will play tennis. (tomorrow)'

That's right, the present tense in German covers these four ideas. How do you distinguish between them? In German, you don't. If you are translating German into English for some reason, though, you'd use the English version most appropriate to English. German doesn't "care" about these differences. In German, it's either going on now or in the future, or it's not. The former is present tense.

This example is also in the present tense in German, because, even though it started in the past, it's still going on now.

Er spielt seit Jahren Tennis.	'He has been playing tennis for years.'

To form the present tense, you take the stem of the verb – the portion that remains after you take off the **-(e)n** – and add the appropriate ending according to your subject. (See **Paradigm 1**). Some verbs have vowel and/or consonant changes in the *du* and *er/sie/es* forms.

Modal verbs

Modal verbs express an idea rather than an action. They are most often used with another verb in a sentence. The modal verb is always the one conjugated – see **Paradigm 2**, and the other verb is found at the end of the sentence as an infinitive (i.e., not conjugated).

All of the modals except *sollen* have vowel changes in the *ich, du,* and *er/sie/es* forms in the present tense.

Modal verb	*Idea expressed*
können (kann)	'ability, to be able to'
dürfen (darf)	'permission, to be allowed to'
müssen (muss)	'obligation, to have to'
wollen (will)	'desire, to want to'
sollen (soll)	'a good idea, 'ought' to, should'
mögen (mag)	'to like'

Michael **kann** sehr gut Volleyball spielen.
Willst du mit mir Kaffee trinken gehen?
Wir **müssen** noch viel tun.

Conversational past

The conversational past is usually used to talk about things that already happened (i.e., are not present tense). There are **two parts** to the conversational past:

a) **The helping verb**. Either *haben* or *sein* (usually *haben*), always conjugated in the present tense to agree with the subject.

b) **The past participle.** Usually with *ge-* on the front. Always **placed at the end** of the sentence or clause.

> Fritz **hat** am Freitag ein neues Auto **gekauft**.
> Wir **sind** letztes Jahr in die Schweiz **gefahren**.
> **Hast** du schon für die Prüfung **gelernt**?

Narrative past

The narrative past is usually used to write about things that already happened (i.e., are not present tense). There is only one part to the narrative past and it is conjugated like **Paradigm 2.**

> Es **war** einmal ein kleiner Hase. Er **wohnte** mit seiner Großmutter zusammen und **ging** täglich in die Hasenschule.

Past perfect

The past perfect *Plusquamperfekt* is used in relation to another past tense. It is used to describe those events that took place in time before other past time events.

The past perfect is a two-part tense, like the conversational past (or present perfect). You conjugate the helping verb *haben* or *sein*, and use a past participle at the end of the sentence. Instead of using the helping verb in the present tense, though, you use the helping verb in the narrative past, e.g., *hatte* or *war*.

> Ich **war** schon tief in den Wald **gewandert**, als es zu regnen anfing.
>
> *I had already hiked deep into the woods when it started to rain.*

Future

The present tense is most often used to express things that will happen in the future. German also has a future tense which can be used to talk about the future, especially if the present tense might be misunderstood.

To form the future, use the verb **werden** in the present tense as the main verb and the other verb in the infinitive form at the end of the clause.

> Ich **werde** meinen Urlaub auf Mallorca **verbringen**.
> *I'll spend my vacation in Mallorca.*
>
> Keiner **wird** uns **helfen**.
> *No one will help us.*

Future perfect

To say that you intend to have or you "will" have completed something (at some future time), use the modal *werden* plus the conversational past form. Conjugate *werden*, and put the past participle followed by the helping verb in its infinitive form at the end of the sentence. What? Here's an example:

Wir **werden** bis Semesterende schon viel Deutsch **gelernt** haben.

We will have learned a lot of German by the end of the semester.

Passive

You might have been taught to avoid the "passive voice" in English. Forget about that for German. It's used much more often.

In essence, passive is just a way of expressing meaning that focuses on the receiver of the action (the direct object, in a "normal" or active sentence) and not on who or what did the action (the subject, in a "normal" or active sentence).

Here's an example:

The construction guys built the bridge. **ACTIVE**

Let's say that what we really care about here is the bridge. The bridge is our focus. We could say:

The bridge was built. **PASSIVE**

We don't really care (and sometimes we don't even know) who or what did the building. Often, that information is not even available in a passive sentence.

In English, we use the helping verb *to be* plus the past participle to make the passive.
In German, we use the helping verb *werden* plus the past participle to make the passive.

Past

*The bridge **was** built.*
Die Brücke **wurde** gebaut.

Present

*The bridge is **being** built.*
Die Brücke **wird** gebaut.

Note that this is the narrative past of *werden*. That is most common when making passive sentences in the past. That's all there is to passive. Feel free to use it often.

Strong verb chart

Infinitive	3rd sg. present	Narrative past	Past participle
Oddballs			
gehen		ging	ist gegangen
sein	(ist)	war	ist gewesen
werden	(wird)	wurde	ist geworden
i		**a**	**u**
finden		fand	gefunden
trinken		trank	getrunken
i or e		**a**	**o**
beginnen		begann	begonnen
helfen	(hilft)	half	geholfen
schwimmen		schwamm	ist geschwommen
sterben	(stirbt)	starb	ist gestorben
ie		**o**	**o**
fliegen		flog	geflogen
genießen		genoss	genossen
schließen		schloss	geschlossen
verlieren		verlor	verloren
ziehen		zog	gezogen
ei		**ie**	**ie**
bleiben		blieb	ist geblieben
schreiben		schrieb	geschrieben
ei		**i**	**i**
beißen		biss	gebissen
schneiden		schnitt	geschnitten
e *(or an exception)*		**a**	**e**
essen	(isst)	aß	gegessen
lesen	(liest)	las	gelesen
sehen	(sieht)	sah	gesehen
sitzen		saß	gesessen
a		**u**	**a**
fahren	(fährt)	fuhr	ist gefahren
laden	(lädt)	lud	geladen
schlagen	(schlägt)	schlug	geschlagen
vowel		**ie**	*as infinitive*
fallen	(fällt)	fiel	ist gefallen
laufen	(läuft)	lief	ist gelaufen
rufen		rief	gerufen
schlafen	(schläft)	schlief	geschlafen

Conjunctions

A conjunction **connects** sentences or phrases. You can make nice, long sentences using conjunctions to hook things together.

These five conjunctions have **no impact** on the word order:

> **und**
> **oder**

Und and *oder* don't need a comma in front of them.

> **denn**
> **aber**
> **sondern**

The other three always do.

Mein Mann schaut gern Golf im Fernsehen **und** spielt auch sehr gern**, aber** er spielt nicht so gut.

Soll er diesen Sport aufgeben **oder** soll er vielleicht Golfunterricht bezahlen?

Er kauft immer wieder neue Golfschläger**, denn** er glaubt, er kann damit besser spielen.

Ich mag Golf gar nicht**, sondern** Gartenarbeit.

All of the other conjunctions are "**kickers**"; i.e., they kick the conjugated verb to the **end of the sentence**.

Some of the most common of these conjunctions are:

> **dass**
> **weil**
> **obwohl**
> **ob**

Ich glaube, **dass** Deutsch die beste Sprache **ist**!

Warum gehen wir nicht sofort schwimmen? **Weil** es im Moment zu stark **regnet**.

Wir fangen an, **obwohl** Fritz noch nicht da **ist**.

Wissen Sie, **ob** dieser Bus zum Marktplatz **fährt**?

"Kickers" all need commas in front of them.

Word order

The most important thing to the native ear is the **correct position of the verb(s)**, especially the conjugated verb. Perhaps the best rule is this:

> **The conjugated verb is always second, except when it's not.**

When is it not?

Imperatives: conjugated verb is **first**:

Wiederholen Sie das bitte!

Yes-no questions: conjugated verb is **first**:

Hast du einen Bruder?

With subordinating conjunctions (Conjunctions that kick): conjugated verb **last**:

Ich glaube, dass ich einen Bruder **habe**.

With relative clauses: conjugated verb **last**:

Ich habe einen Bruder, der nicht sehr fleißig **ist**.

When is the verb second???

Everywhere else. Here are some examples (by no means exhaustive):

Wann **kannst** du mich besuchen?
Im Sommer **ist** das Wetter in Freiburg sehr gut.
Vor einem Jahr **hat** er einen Freund in Berlin besucht.
Meistens **bleibe** ich am Wochenende zu Hause.

Adverbs

Adverbs answer questions like: **"When?" "How?" "Where?"** They can be one word, like *morgen, schnell, hier* – or phrases like *gestern Abend, sehr interessant, kreuz und quer.*

The most important thing to remember, though, is that adverbs *never* answer the question *"Who?"* or *"What?";* that is, they are never the subject or the object in a sentence.

> **Make your sentences more interesting. Use adverbs.**

Hin, her

You'll see and hear *hin* and *her* quite a bit, generally in connection with verbs. Basically, it's just motion away from and towards the speaker, respectively.

> Gehen Sie **hinaus**!   'Get out /Go out' – away from me
> Kommen Sie **herein**!   'Come on in' – towards me

That would be that, if German-speakers followed the rules all the time. But both *hin-* and *her-* are contracted to *r-*.

> Gehen Sie **raus**! *(or just **Raus!**)*
> Kommen Sie **rein**! *(or just **Rein!**)*

You can use this *r-* with many of the separable prefixes that go with verbs, especially of motion, like *gehen, kommen, fahren, laufen.*

> ran
> rauf
> rein
> rüber
> runter

Of course, you could always do it "correctly", i.e., indicate motion towards the speaker with *her* and motion away from the speaker with *hin.*

Subjunctive – present time

Learn these common forms of the modal verbs to use in polite questions or requests.
Conjugate using **Paradigm 2**. Put any other verb you use as an infinitive at the end of the sentence.

Modal verb	Idea expressed
könnte	'could'
möchte	'would like'
dürfte	'might/may'
sollte	'should / it would be a good idea'
müsste	'would have to'
würde + infinitive	'would + verb'

Könnten Sie bitte das Fenster **zumachen**?
Ich **möchte** eigentlich lieber nach Dortmund **fahren**.
Würdest du kurz auf meine Tasche **aufpassen**?

Two more important subjunctive forms to learn are *hätte* and *wäre*. Conjugate like **Paradigm 2**.

Ich **hätte** gern ein dunkles Bier. *I would like [to have] a dark beer.*
Das **wäre** schön! *That would be nice!*

Subjunctive – past time

Why is it called past time? Because it's long past time to do anything about it. For example:

If I would have known how wonderful German is, (you didn't), I would have started studying it much sooner. (Alas, you no longer can. At least not until time travel is perfected).

There is only one way to make sentences in the past time subjunctive in German. You need the helping verb **hätte** or **wäre** (depending on the verb you use) and the past participle (that thing that usually has *ge-* on the front). Even though the English examples generally have the word 'would', you cannot use *würde* in the past time subjunctive.

Wenn Christoph letztes Semester nicht so faul gewesen wäre, hätte er bessere Noten bekommen.
If Christoph hadn't been so lazy last semester, he would have gotten better grades.

With modal verbs in the past time subjunctive, follow this format:

Conjugate *hätte*, put the other verb 2nd to last as an infinitive, then put the modal verb at the very end, also as an infinitive.

Ich hätte das eigentlich am Wochenende machen sollen.
I should have done that on the weekend.

Wir hätten an einem Tag sowieso alle Ausstellungen im Museum nicht sehen können.
We wouldn't have been able to see all the museum exhibits in one day anyway.

Gender

In German, a noun is a word that has gender. There are three genders and plural, which functions like a gender in many ways. All nouns in German are written with an initial capital letter.

Masculine:	*der Ball, der Rock, der Fuß*
Neuter:	*das Haus, das Kind, das Auto*
Feminine:	*die Lampe, die Bahn, die Krawatte*
Plural:	*die Leute, die Bücher, die Studenten*

Plural

In German, plurals are formed in many ways. The dictionary will indicate how to form them.

Ball, -¨e	This means put an *Umlaut* on the main vowel and add an **-e**.
Kind, - er	This means add **-er** to the noun.
Ente, -n	Add an **-n** to the noun

In German, there are no "masculine plurals" or "feminine plurals." Plural is plural. In a way, the noun loses its original gender when it becomes plural.

Pronouns

A pronoun is a little word that takes the place of a noun, like:

My brother is tall. **He** *is also bald.*

Instead of repeating *my brother* in the second sentence, I can use a pronoun *he*.

You have to know whom or what you are talking about in order to use a pronoun. This is especially true for German, since nouns have gender and the pronoun must match (be the same gender as) the noun to which it refers.

Der Schreibtisch ist ziemlich neu. **Er** steht im Arbeitszimmer.

If you didn't see the first sentence, you might think *Er* referred to a man, not a desk.

Subject / Nominative	ich	du	er	sie	es	wir	ihr	sie	Sie
Direct Object / Accusative	mich	dich	ihn	sie	es	uns	euch	sie	Sie
Indirect Object / Dative	mir	dir	ihm	ihr	ihm	uns	euch	ihnen	Ihnen
English subject	I	you	he	she	it	we	y'all	they	you
English object	me	you	him	her	it	us	y'all	them	you

Relative pronouns

A relative pronoun, like any other pronoun, refers to a noun. Relative pronouns, though, look like the definite article (the *the* words), in most cases.

Die Enten, **die** ich vom Bauern Braun gekauft habe, schlafen unter dem Tisch.

The ducks (that) I bought from Farmer Braun are sleeping under the table.

In English, we don't always need to include the relative pronoun. But in German, the relative pronoun ALWAYS appears. Why? Because nouns have *gender* and *case* in a sentence and the pronoun has to match the gender of the noun and be in the appropriate case.

Relative Pronouns

	Masculine	*Neuter*	*Feminine*	*Plural*
Nominative	der	das	die	die
Accusative	den	das	die	die
Dative	dem	dem	der	denen
Genitive	dessen	dessen	deren	deren

Subjects and objects

A **subject** is the person or thing "doing" the verb in the sentence. The subject of the sentence answers the question **who** or **what**.

To find the subject, try the *Hershey* test. (No, it doesn't involve chocolate.)

If you can say *she* in English for the thing you think is the subject (it might make a ridiculous sentence, but if it works grammatically, that's what you want), then it is the subject. If you can say *her* in English, it must be an object.

Here's an example:

My dog has an old bone.

You think: *my dog* is doing the having; *my dog* answers the question **who** or **what**; I could substitute *she* for *my dog* and still have a grammatically correct sentence, thus, *my dog* must be the *subject*.

You could substitute *her* for *an old bone. My dog has her.* Yes, it's ridiculous, but nevertheless grammatically correct. Thus, *an old bone* is an *object*.

Case

In German, a case system is used to show how nouns and pronouns work in a sentence. Are they subjects (nominative) or objects (accusative or dative) or possessive (genitive)? These kinds of questions are answered in German by use of a case system. This case system shows up mainly in the determiners used with nouns in a sentence. Read on.

Determiners

Determiners (or articles) are words that come in front of nouns. They determine whether you are talking about *the car, a car, my car,* or *your car,* for example. In German, we have 4 genders and 4 cases in all and thus we must use the appropriate determiner. Don't worry about the genitive case. It's included here for those who want to go well above and beyond the scope of this course.

The determiner for "the"

	Masculine	Neuter	Feminine	Plural
Nominative	der	das	die	die
Accusative	den	das	die	die
Dative	dem	dem	der	den noun+n
Genitive	des noun+(e)s	des noun+(e)s	der	der

Der-words

There are determiners that follow the same pattern as *the* in German. The most common are:

> *dies-*
> *jed-*
> *welch-?*

Using *dies-* as the example, here's the chart. Note that *d-* above is replaced by *dies-* here (with the exception that *das* is *dieses,* not *dies+as*).

	Masculine	Neuter	Feminine	Plural
Nominative	dieser	dieses	diese	diese
Accusative	diesen	dieses	diese	diese
Dative	diesem	diesem	dieser	diesen noun+n
Genitive	dieses noun+(e)s	dieses noun+(e)s	dieser	dieser

Ein-words

The determiner for 'a' = *ein*; 'not a/no' = *kein-*

	Masculine	*Neuter*	*Feminine*	*Plural*
Nominative	ein	ein	eine	keine
Accusative	einen	ein	eine	keine
Dative	einem	einem	einer	keinen noun+n
Genitive	eines noun+(e)s	eines noun+(e)s	einer	keiner

Ein-words are determiners that follow the same pattern as '*a*'. The word *kein-* is an *ein*-word, as you see above. You can't say *a dogs,* so we show the plural with *kein* here since *ein* is not possible.

Possessive articles

Possessive articles are also *ein*-words.

Possessive articles allow you to talk about *my dog, your dog, his dog, her dog,* and so on. Just replace the possible article for the *ein-* above for the case and gender of the noun you are talking about.

mein - *my*

dein - *your (for* du*)*

sein - *his / its – masculine nouns;* der Tisch: **Seine** Farbe ist schwarz. **(Its** *color)*

ihr - *her / its – feminine nouns*

sein - *its – neuter nouns*

unser - *our; NB: this is the word itself. The* er *is not an ending**

euer - *your (for* ihr*); NB: this is the word itself. The* er *is not an ending**

Ihr - *your (for* Sie*)*

ihr - *their*

> * When speaking, the -*e* gets dropped when adding an ending to *unser-* and *euer-*.
> *Wir besuchen* **unsren** *Großvater. Besucht ihr euren Großvater?*

Adjectives

Adjectives are those words that describe. They are also those words that can be made into comparative and superlative forms, like *old, older, oldest; big, bigger, biggest; good, better, best.*

Unlike Romance languages like Spanish and French, predicate adjectives (that is, adjectives not directly in front of a noun or not used as a noun) have NO endings. Hooray. It's just like English.

Der Bär ist groß.
Die Lampe ist schön. (*not* schöne)
Das Buch ist interessant.
Die Enten sind braun.

Adjectives in front of nouns or used as nouns, however, have endings based on what information they need to offer and are thus not at all like English.

Adjective endings

Using the table below may help you understand adjective endings. Those marked as ***italic*** are the important info.

When working with adjectives that modify (are in front of) or are themselves nouns, the question you must ask yourself is this:

Is the **important info** present (on the article?)*

Yes   Adjective ending just fills space (i.e., use the ending on the right).

No   Adjective itself must have the **important info** (i.e., use the ending in italics - the ending on the left).

NB: You cannot add these endings to determiners. The determiners themselves are fixed (e.g., for masculine nominative the indefinite article is *ein,* **not** *einer*); you cannot add the important info to the determiner.

All adjectives modifying a particular noun have the same ending:

(e.g., *ein schönes altes Haus,* **not** *ein schönes alte Haus).*

Adjective endings

	Masculine	Neuter	Feminine	Plural
Nominative	*–er* / –e	*–es (-as)* / –e	*–e* / –e	*–e* / –en
Accusative	*–en* / –en	*–es (-as)* / –e	*–e* / –e	*–e* / –en
Dative	*–em* / –en	*–em* / –en	*–er* / –en	*–en* / –en
Genitive	–en*	–en*	*–er* / –en	*–er* / –en

*For masculine and neuter genitive, the noun always has the important info on it already. So, we don't need to put that info in the adjective ending. The adjective ending for masculine and neuter genitive is always *–en.*

Comparatives

Adjectives can be made into comparative forms, like *big, bigger; old, older; good, better.*

In German, you always add *–er* to the adjective to form the comparative. If the adjective has one syllable, you generally add an *Umlaut* to the *a, o* or *u*.

alt – älter	groß – größer
schnell – schneller	interessant – interessanter

There are **exceptions** when you do not add an Umlaut.

1. Here are the most common ones. Sing this ditty to the tune of "Are you sleeping?"

> blass klar froh
> schlank rasch roh
> stolz und voll
> stolz und voll
> haben keinen Umlaut, haben keinen Umlaut.
> Das ist toll! Das ist toll!

2. There are also some strange ones, like *good, better.* You see the *–er* (sometimes only the *–r*), but there is a big change in the stem of the word.

> gut – besser
> viel – mehr
> gern – lieber
> hoch – höher

Unlike superlative forms, comparative forms can stand alone; i.e., they can be used as they are if not in front of a noun.

Schokolade schmeckt **besser** als Spinat.

If used in front of a noun, the comparative form needs an adjective ending in addition to the *–er.*

Eine **bessere** Schokolade macht man in der Schweiz.

Superlatives

Superlative forms are used if we are comparing three or more items.

> Old, older, **oldest.**
> Fast, faster, **fastest.**
> Good, better, **best.**

In German, we always add *–(e)st-* to the adjective, regardless of the number of syllables. You add the *e* before the *–st*, if the adjective ends in *d, t,* or an *s*-sound.

If the adjective takes an *Umlaut* in the comparative, it does so in the superlative form as well.

Unlike the comparative forms, you can't use the superlative form as is; i.e., with just the *–(e)st-*. You need to decide if the superlative form is going to be used as a true adjective (directly in front of a noun or as a noun itself) or not.

If not directly in front of a noun or as a noun itself, use the word *am* adjective+*(e)st-en.*

> Mein Auto fährt **am** schnell**sten.**
> Wer spielt **am** be**sten** Tennis?
> Steffi ist **am** älte**sten.**

If you are using the superlative form as a true adjective or as a noun itself, it needs to have an adjective ending. This follows the same rules for adjective endings as any other adjective.

Prepositions

Prepositions are little words with a lot of power. Prepositions connect nouns or pronouns to make phrases.

In English, **prepositions are followed by objects** (never subjects). This is also true in German. In German, though, **prepositions take a particular object case** (never the nominative, or subject, case). That means, if you use a preposition, you need to follow it with the case it requires. How do you know which case it requires? Well, here are some lists to help you.

Naturally the meanings given for the prepositions are only approximate. Languages use prepositions to describe all the possible relationships between real and imaginary objects, actors and ideas in the space-time continuum. That's a lot of things to describe. The odds that any two languages will use their relatively small number of prepositions in exactly the same way are, yes, astronomically remote.

So when trying to decide which preposition to use in German, don't think about the English preposition, think about the idea you are trying to express.

For instance, if you you want to say 'to wait for', don't look up 'wait' (*warten*) and 'for' (*für*) and put them together. In this case it will be wrong. Look up the meaning you want with the root word (*warten*) and peruse a good dictionary for the phrase you need, here *warten auf*.

Prepositions *always* followed by ACCUSATIVE:

durch	'through'	*durch das Haus*
für	'for'	*für meine Mutter*
gegen	'against'	*gegen den Baum*
ohne	'without'	*ohne die Enten*
um	'around'	*um die Ecke*
bis	'until'	*bis 9 Uhr*

Prepositions *always* followed by DATIVE:

aus	'out of, from'	*aus der Türkei*
außer	'except for'	*außer mir*
bei	'at'	*bei den Großeltern*
mit	'with'	*mit seinem Hund*
nach	'to'	*nach Chicago*
seit	'since'	*seit einem Jahr*
von	'of, from'	*von dir*
zu	'to'	*zu meinem Freund*

There are many prepositions that should be used with the genitive, but most people use the dative with them in conversation.

wegen	wegen **des** Wetters, wegen **dem** Wetter	'because of the weather'
trotz	trotz **des** Wetters, trotz **dem** Wetter	'despite the weather'

Prepositions (continued)

When used literally, that is, to describe relationship between objects, they can be either accusative or dative.

They are followed by **dative** when answering the question "**wo?**" that is, when used to describe something's *location*.

Prepositions followed by DATIVE *or* ACCUSATIVE, depending.	
in	'in'
an	'at, up to'
auf	'on top of'
über	'over'
unter	'under'
vor	'in front of'
hinter	'behind'
neben	'next to'
zwischen	'between'

Das Buch liegt **auf dem** Tisch.
Ein Poster hängt **an der** Wand.
Der Schrank steht **in dem** Zimmer.
Die Katze schläft **unter dem** Bett.
Die Lampe ist **über dem** Sofa.
Vor unserem Haus ist der Garten.
Die Garage ist **hinter dem** Haus.
Die Drogerie ist **neben der** Bäckerei.
In diesem Foto stehe ich **zwischen meinen** Brüdern.

They are followed by **accusative** when answering the question "**wohin?**"; i.e., when used to indicate **movement** from one place to a new place.

Ich lege das Buch **auf den** Tisch.
Kannst du bitte das Poster **an die** Wand hängen?
Stell den Schrank **ins** Zimmer!
Die Katze läuft **unter das** Bett.
Wir sollen eine Lampe **über das** Sofa hängen.
Ein großes Auto fährt **vor das** Haus.
Fahren Sie bitte **hinter das** Haus!
Der Ball rollt **neben die** Bäckerei.
Ich setze mich immer **zwischen meine** Brüder.

If these 9 prepositions are not used literally, as in expressions like: 'to wait for' **warten auf,** just take a guess! (Or better, learn the entire phrase: **warten auf + akk**)

Prepositions and pronouns

Prepositions always have to have an object – a noun or pronoun – with them. Always. They can never stand alone.

When working with a preposition and a pronoun, you need to ask yourself: does the pronoun refer to a person or not? If the pronoun refers to a person, use the one that corresponds to the gender of the person, and the case that the preposition requires. This works just like you'd expect.

For example:

> Ich fahre mit meinem Freund auf Urlaub. (Freund: *Person*)
> Ich fahre mit ihm auf Urlaub.
>
> Für Catharina kommen Kinder nicht in Frage. (Catharina: *Person*)
> Für sie kommen Kinder nicht in Frage.

If the pronoun does not refer to a person, you don't need to worry about gender or case. Really. This is the only time that's true for German!

You simply connect the word **da** (short for 'it' – singular nouns, or 'them' – plural nouns that are not people) to the front of the preposition. If the preposition starts with a vowel, also add an **r** after **da**.

For example:

> Haben Sie etwas gegen Rauchen? (Rauchen: *not a person*)
> Nein, ich habe nichts dagegen.
>
> Denkst du gern an die Ferien?   (die Ferien: *not a person*)
> Ja, ich denke gern daran.

As mentioned above, a preposition always has to have an object. If the "object" is an entire sentence, you need to use the **da** + preposition as well. In this situation, **da** acts as a place holder, filling the space of the required object, and letting us know there is more to come.

> Wir freuen uns darauf, dass alle zu unserem Fest kommen.

Prepositions and question words

With prepositions and question words, we again ask the question: Does the question word refer to a person or not?

If the question word refers to a person, we use **wen** with prepositions that take accusative case, and **wem** with prepositions that take the dative case.

> Auf wen wartest du eigentlich? > Ich warte auf Franz.
>
> Mit wem fahren Sie auf Urlaub? > Mit meiner Familie.

If the question word does not refer to a person, or if we don't know what the topic is, we again don't need to worry about gender or case. Yippee!

Simply connect the question word **wo** (short for **was**) to the front of the preposition. If the preposition starts with a vowel, also add an **r** after **wo**.

For example:

> Worüber redet ihr? > Über die Aufgabe für Deutsch.
>
> Worauf wartest du denn eigentlich? > Auf den Bus.

Credits

The project team would like to acknowledge the following sources and thank the copyright holders for their permission to use copyrighted material.

Unit 1: p. 14: Erich Kästner, "Sachliche Romanze." *Lärm im Spiegel,* copyright © Atrium Verlag, Zürich and Thomas Kästner, 1929.

Unit 2: pp. 26-29: From Paul Maar, *Neben mir ist noch Platz,* copyright © Atlantis an imprint of Orell Füssli Verlag AG, Zürich, 1966; **p. 30:** Erika Ferrata, "Mit erhobenem Haupt." *Badische Zeitung* (July 18, 2001); **pp. 32-35:** Elif Çelik, "Nicht mit einem Kopftuch." *Badische Zeitung* (July 25, 2001); **p. 36:** "Herausforderung Integration," copyright © Globus 2006; **pp. 38-39:** "Die neuen Vorschläge zur Einbürgerung." Excerpted from www.tageschau.de (May 6, 2006).

Unit 3: pp. 44-46: From Karin Gündisch, *Im Land der Schokolade und Bananen,* copyright © Beltz & Gelberg in der Verlagsgruppe Beltz, Weinheim & Basel, 2000; **pp. 48-50:** From Karin Gündisch, *Das Paradies liegt in Amerika,* copyright © Beltz & Gelberg in der Verlagsgruppe Beltz, Weinheim & Basel, 2000; **pp. 51-52:** From Astrid Maier, "Warum Deutsche auswandern." *Financial Times Deutschland* (September 11, 2006); **pp. 54-55:** Xenia Hübner, "Eine Aussiedlerin aus Russland." *Badische Zeitung* (June 27, 2001).

Unit 4: pp. 68-72: From Hans Peter Richter, *Damals war es Friedrich.* Deutscher Taschenbuch Verlag, München, 1973, copyright © Leonore Richter-Stiehl; **pp. 74-77, 80-81:** From Helga Ansari, "Kippen Stechen." *Lebertran und Chewing Gum. Kindheit in Deutschland 1945-1950.* JKL Publikationen, 2000; **pp. 78-79:** From Renate Dziemba, "Unheimlich groß und dünn – mein Vati!" Ibid; **pp. 82-85:** Wolfgang Borchert, *Das Gesamtwerk.* Copyright @ 1949 by Rowohlt Verlag GmbH, Hamburg.

Unit 5: p. 91: Die Gesetze der Thälmannpioniere. From www.documentarchiv.de; **p. 94:** From Regina Rusch, *Plötzlich ist alles ganz anders: Kinder schreiben über unser Land.* Deutscher Taschenbuch Verlag, München, 1993, copyright © Regina Rusch; **p. 98:** From Herbert Günther, *Grenzgänger.* Ravensburger Buchverlag, Ravenburg, 2001, copyright © Herbert Günther.

Unit 6: pp. 106-107: From "Was ist an Ihnen typisch Deutsch?" *Stern* (39/1998); **pp. 112-113:** Hans-Martin Rüter, "Stimmung des Aufbruchs." From www.welt.de (December 5, 2005); **p. 122:** Interview with Reinhold Messner (conducted by Roland Große Holtforth). From www.literaturtest.de, copyright © Literaturtest.

Unit 7: p. 132: "Mentalitäten unter einem DACH." From www.schuelerradio1476.at (November 17, 2005), copyright © Österreichisches Bundesministerium für Bildung, Wissenschaft und Kultur; **p. 136:** Reinhard Fendrich, "I am from Austria," copyright © Reinhard Fendrich; **p. 138:** Peter Altenberg, "Der Sommer." From gutenberg.spiegel.de; **p. 140:** Peter Altenberg, "Im Volksgarten." Ibid; **p. 142:** Konstantin Kaiser, "Über meinen Großvater." *Durchs Hinterland. Gedichte.* Tiroler Autorinnen und Autoren Kooperative, Innsbruck, 1993; **p. 144:** Erich Fried, "Angst und Zweifel." *Gegengift,* copyright © Verlag Klaus Wagenbach, Berlin, 1974; **p. 144:** Erich Fried, "Die Maßnahmen." *Befreiung von der Flucht,* copyright © Claasen Verlag in der Ullstein Buchverlage GmbH, Berlin, 1968; **p. 145:** Martin Gutl, "Heilende Sicht." *Der tanzende Hiob.* Styria Verlag, Graz, copyright © Bildungshaus Mariatrost and Karl Mittlinger; **pp. 146-151:** Ilse Aichinger, "Wo ich wohne." *Wo ich wohne. Erzählungen, Gedichte, Dialoge.* S. Fischer Verlag, Frankfurt am Main, 1963.

Unit 8: p. 154: From Peter Bichsel, *Des Schweizers Schweiz. Aufsätze,* copyright © Suhrkamp Verlag, Frankfurt am Main, 1997; **p. 156:** Adapted from Hans-Jürg Fehr, "Was ist die Schweiz?" From www.hj-fehr. ch; **pp. 158-162:** From Max Frisch, *Dienstbüchlein,* copyright © Suhrkamp Verlag, Frankfurt am Main, 1974; **pp.165-168:** From Friedrich Dürrenmatt, *Der Besuch der alten Dame,* copyright © Diogenes Verlag AG, Zürich, 1998.

Unit 9: pp. 170-171: Walther von der Vogelweide, "Under der linden." MHG version from gutenberg.spiegel. de; **p. 172:** From Mechthild von Magdeburg, *Das fließende Licht der Gottheit.* Deutscher Klassiker Verlag, Frankfurt am Main, 2003; **p. 173:** Friedrich von Hausen, "Mîn herze und mîn lîp die wellent scheiden." *Mittelhochdeutsche Minnelyrik 1. Frühe Minnelyrik.* J.B. Metzler, Stuttgart & Weimar, 1993; **p.176:** Martin Luther, "Von Frosch und der Maus." From gutenberg.spiegel.de; **p. 177:** Martin Luther, "Von der Stadtmaus und der Feldmaus." Ibid; **pp. 178-180:** From Immanuel Kant, "Was ist Aufklärung?" *Was ist Aufklärung?* Reclam, Ditzingen, 1974; **p. 181:** Erich Fried, "Die Unwissenden." *Am Rande unserer Lebenszeit,* copyright © Verlag Klaus Wagenbach, Berlin, 1996; **pp. 182-183:** Die Brüder Grimm, "Frau Holle." From gutenberg. spiegel.de; **p. 184:** Friedrich von Schiller, "Hoffnung." *Schillers Werke, Bd. 1. Gedichte,* Aufbau-Verlag, Berlin, 1965; **p. 185:** Johann Wolfgang von Goethe, "Erlkönig." *Sämtliche Gedichte.* Artemis Verlag, Zürich, 1949; **pp. 186-187:** Die Brüder Grimm, "Rotkäppchen." From gutenberg.spiegel.de.

Unit 10: pp. 196-199, 202: Franz Kafka, "Kleine Fabel," "Heimkehr," "Vor dem Gesetz" and "Gemeinschaft." *Gesammelte Schriften,* Schocken books, New York, 1947; **pp. 199-200:** Excerpted from Albert Einstein, *Mein Weltbild.* Ullstein Taschenbuchverlag, 2005, copyright © Europa-Verlag, Zürich; **pp. 204-206:** T. Landomini, K.Yakpo and F.Hahn, "Fremd im eigenen Land," copyright © Freibank Musikverlag; **p. 208:** May Ayim, "grenzenlos und unverschämt." *blues in schwarz weiss,* 3rd ed., Orlanda, Berlin, 1996; **pp. 210-211:** Ismet Elçi, "U-Bahnhof Rihan." *Neue Sirene – Zeitschrift für Literatur,* vol. 15 (May 2002); **p. 212:** From László Csiba, "Zu Hause in der Fremde." *Neue Sirene – Zeitschrift für Literatur,* vol. 14 (September 2001); **p. 213:** Tobias Fritsche, "So wie ich mich seh," copyright @ Profil Medien GmbH, Neuhausen.

All other texts copyright © Live Oak Multimedia, Inc.

Photographs copyright © David Antoniuk, except as follows:

pp. 68, 70, 71, 72, 73, 74, 80, 83, 85, 90: unknown photographers, p. 92: Jiri Burgerstein.

An dieser Stelle möchten wir ganz herzlich den vielen Beteiligten danken, die bei der Informationssammlung mitgeholfen und insbesondere an den Interviews teilgenommen haben. Ohne diese freundliche Unterstützung wäre ein solches Projekt gar nicht möglich gewesen.

Special thanks to those who've contributed with texts, comments, testing, and encouragement:

Stélios Alvarez	Jutta Kerlin
Aleta Anderson	Penny Lamb
Jiri Burgerstein	Anita McChesney
Nancy Chamness	Evelyn Meyer
Jim Danell	Kevin Neitzert
Sander de Haan	Mitch Place
Doug Finley	Theodor Rathgeber
Jill Gabrielsen-Forester	Robert Senger
Gordon Gamlin	Regina Smith
Anne Green	Corina Socaciu
Michael Hilbt-Senger	Judith St. Louis
Gudrun Hommel	Julia von Bodelschwingh

Helpful hints

Essay checklist

Before turning in writing assignments, you should go through this checklist.

☐ *I focused on the questions, text and / or topics assigned.*

☐ *I followed the format, length and language directions of my instructor.*

☐ *I made good use of the models, examples and helps.*

☐ *All my verbs match their subjects.*

☐ *All my verbs are in the right spot in the sentence.*

☐ *I made my sentences interesting by adding adjectives, adverbs or other phrases to express unique insights or details.*

☐ *After adding those interesting things, I checked that all my verbs are still in the right place.*

☐ *I checked the spelling of words I was unsure of.*

☐ *I checked the gender of nouns if necessary and made the appropriate adjustments.*

☐ *I used commas to separate clauses beginning with* wenn *or* weil. *I did not add unnecessary commas after adverbs or phrases at the beginning of a sentence.*

☐ *What I have to say in this assignment is worthwhile because it shows that I am learning German or understanding new things about my own and German culture or both.*

Exercise explanations glossary

If you don't understand an assignment when given in German, check out these glosses for some help.

Verwenden Sie Wörter und Phrasen aus den vorigen Texten.	*Make sure to use words and phrases from the previous texts.*
Übersetzen Sie diese Sätze.	*Translate these sentences.*
Vergleichen Sie sich mit …	*Compare yourself to …*
Was meinen Sie:	*What do you think? (give your opinion)*
Unterstreichen Sie fünf Wörter oder Phrasen …	*Underline five words or phrases …*
Notieren Sie die Merkmale.	*Make notes of the features or characteristics.*
Mit wem stimmen Sie am meisten überein?	*With whom do you agree most?*
Besprechen/Diskutieren Sie mit einem Nachbarn/einer Nachbarin.	*Discuss with someone sitting next to you.*